共生家庭

SYMBIOTIC FAMILY

OPEN THE
BLIND BOX OF HAPPINESS

开启
幸福盲盒

秦嘉悦———著

上海三联书店

目 录

序：每个人都值得幸福

记得德国哲学家费尔巴哈曾经说过：人活着的第一要务就是要使自己幸福。

每个人都想获得幸福，都希望睁开眼睛就能幸福满满，热情洋溢地迎接每日升起的太阳，快乐地度过生命中的每一天，不负青春不负梦想。

记得一位著名的作家见到托尔斯泰时说："您真幸福，您所喜爱的一切都拥有了！太令人羡慕了。"而托尔斯泰却回答道："不，我并不具有我所爱的一切，只是我所有的一切都是我所爱的。"

是啊，我们在渴望"有我所爱"之中没有看到"爱我所有"。马克·吐温曾经说过："幸福就像夕阳——人人都可能看见，但多数人的眼睛却望向别的地方，因而错过了机会。"

我们看到自己的人生，是永远不完美的婚姻、不够用的钱、干不完的工作和达不成的目标，幸福和快乐在这一切面前都遥不可及。

其实幸福并不复杂，反而可能是最简单的事情，如每日喝的白开水一样平常而淡然。在生活中，我们并不缺少幸福，只是缺少感受幸福的心灵、发现幸福的双眼。

当你拥有以上两者，你会发现，原来幸福无处不在。也许幸福就是和家人享受的一次粗茶淡饭，那是一种淡雅的幸福；也许幸福是和朋友们的一次小酌与欢笑，那是一种清新温润的幸福；也许幸福是和爱人一起外出旅游，偶尔的搀扶与相视一笑，那是一种陪伴的幸福；也许幸福是和孩子一起嬉戏，偶尔的恶作剧和小淘气，那是一种童真的幸福……

幸福其实就是这么简单，是你把生活变复杂了，淹没了幸福本来的样子。幸福并没有标准答案。

幸福是一种内心的稳定，我们没有办法决定外界的所有事情，但我们可以决定自己内心的状态。幸福是一种知足的态度，知足意味着拒绝盲目地与他人进行无知的比较。

幸福的心是知足的。一句暖心的问候、一份来自远方的小礼物、一份记得、一份懂得，都能让我们感动，那份知足常乐之心，就是幸福的源泉，幸福其实无处不在。

从看见自己拥有的开始，感受你身边的幸福：你拥有健康的身体、爱你的亲人、可爱的孩子、赚钱的技能、一日三餐的滋味、朋友的关心、工作的能力等，你拥有一切都可以让自己拥有幸福的能力。

要相信，每个人都值得拥有幸福，让我们从面对自己的成长开始！相信通过你的改变，整个家庭都会被你影响，每位成员会因你的改变而能成为更好的自己，整个家庭也会迎来幸福的美景！

愿你带着美好的家庭画面开启这本书，成就你的幸福之旅！

走出"原生家庭"的魔咒

一、原生家庭的概念

随着社会开放的程度越来越高，人们的生活水平也越来越好，物质生活极大地满足了我们现代人的各种需求，在互联网时代带来的颠覆式的生活中，人们感觉到的是更大的压力、不轻松的状态，幸福指数和健康状态也越来越低。在这样的一个矛盾状态下，心理承受力面临着更多的考验，人们的心理需求也显得越来越重要。

因此，市面上各种疗愈课程、心灵课程、情绪释放、心理书籍成了一大风景，铺天盖地而来，不管是创业者、家庭主妇还是白领阶层，在空余时间也都愿意去学习一些相关内容，来提升自己的幸福指数。在疗愈的过程中，一些人的困惑却越来越多，好像不断地陷入另一个黑洞中，表面的一些改善好像是一个假象，通过疗愈并没有找到本质核心的关键点，只是在外围不断打转。

　　为了让自己的幸福指数提高，为了让自己更有爱地生活，多学知识、多阅读、多探寻自己的问题，这些都无可厚非。但在学习和探索的过程中，如果找错了方向，那么就可能陷入到更深的困惑之中。在这些书籍和课程中，大多提到了一个概念就是：我们现在遇到的问题和困惑，大多源自"原生家庭"对我们的影响。因此，一些课程的导向或者自己的解读造成了把矛头指向原生家庭对自己的伤害倾向。

　　卡尔·荣格说过："原生家庭对家里子女的影响越深刻，子女长大之后就越倾向于按照幼年时小小的世界观来观察和感受成年人的大世界。"

　　确实，原生家庭对于我们每个人来说都是至关重要的，那时我们还小，只能接受父母给我们的一切——生命，包括伤害。据不完全统计，原生家庭不幸福的人至少占到75％，只有不到25％的原生家庭的状态相对比较幸福。从这个数据来看，我们大部分人都会因为原生家庭的影响而引发现在生活的阴影或者不幸福感。

　　打开网络用"原生家庭"作为关键字搜索一下，会出现一堆类似于"毁掉我们的原生家庭""原生家庭会对孩子造成一辈子的折磨""如何与原生家庭分离"等讯息，还有一些声音则认为"原生家庭"是伪心理学概念。不管原生家庭这个概念被我们如何理解和对待，这个概念都没有因此而消减影响力。

　　"原生家庭"这个概念的提出，仿佛成为大家无处安放的集体情绪的一个宣泄口，给了人们一个"生活不幸福"的支持论点，让我们可以把自己所有的创伤都归结于原生家庭的问题，让自己得以解脱。我们一边抱怨着原生家庭对自己的伤害，一边沿用着父母带给我们的潜意识行为继续伤害着我们的孩子，成为孩子的原生家庭。这一切仿佛符合逻辑又顺理成章，让甩锅显得冠冕堂皇。

二、原生家庭对我们的影响

按弗洛伊德对于童年经历造成我们潜意识的说法来看，他认为潜意识，极有可能是在身体的幽暗处控制着我们的一切行为。他的书中有提到：人对难以承受的痛苦经历，有一种天然的逃避，特别是童年的难堪经历，会被打入潜意识的冷宫，但又掌握了巨大的报复魔力，在日后每个类似的情景出现时，情绪和应激行为就会无意识地重现，形成一次次的锁链轮回。尽管当事人并不知道是为什么，也可能早想不起当年的事情了。

我们现在越来越能感受到，童年经历中形成的潜意识行为一直影响着我们长大后的许多决策和结果。我们会发现，在我们工作、家庭生活、谈恋爱、教育孩子等方面都不断有重复过去的现象，经常是变换了一种方式又重演了一遍。我们重复童年经历的程度其实非常惊人，童年的一些情绪记忆有时还会瞬间把我们拉回自己的生命码头无法自拔。

对于我们每个人来说，原生家庭中的生活经历会一直影响我们。不只是童年，我们对待自己的认知、对待他人的方式，以及我们的世界观和价值观，都是由原生家庭的环境塑造的。即使我们脱离了原生家庭，但原生家庭对于我们的影响，还会一直存在。

我们都知道在家庭关系中，父母应该是对子女最爱的两个人，我们应该拥有一个有爱的童年，可现实生活中，我们大多数人又好像很缺爱。这其实和我们童年缺少关注和被满足有关。在童年时期，每一个孩子都渴望与这个世界建立联结，找到自己的存在感。而这种联结感，通常是通过与父母的关系来形成的。

但大多的父母并不懂得如何去爱自己的孩子：不赞赏、不肯定、不满足……仿佛是家长的法宝，以为这样就可以获得一个能安全走入社会的孩子。而结果告诉我们，这样的孩子走入社会后，由于童年时期缺少关注与被满足，而更多向外界寻求关注、赞美和认可，这些行为的替代品只能让你短暂地获得一种类似满足的感觉，但这种感觉无根，会稍纵即逝，只有不断地向外寻求、继续寻找，才能感觉又抓住了些什么，才会有些许的慰藉感。

为了填满自己内心的黑洞，人们总是处在想放下却又害怕放下的两难之中。"放下"意味着失去自我、感觉自己被瓦解，仿佛掉进更深的黑洞；"不放下"会不断重复过去，很难跨出新的一步，有时还会违背内心，做不喜欢的事情，无法体验到安全感。

父母爱孩子，认为可以为了孩子牺牲生命，可以付出一切，可以为了孩子摘星星、摘月亮，可孩子说想要一个冰淇淋，或者想要和某同学出去玩儿，却立刻被拒绝、打断、不允许。

还有一些家长希望自己童年未实现的梦想在孩子身上实现，而不断要求和苛责孩子去实现。有些家长是要强的人，也希望自己的孩子必须优秀，所以在孩子的学习中，不断和成绩好的比较、对孩子质疑甚至斥责……

在这样环境下的孩子感受到的是不被信任、不被尊重，他们感受到的是，自己是父母炫耀的工具，内心听到的潜台词是"你不行""你没用""你不值得拥有""你做什么都做不好"……

要知道，过高的要求和期待会导致孩子承受不住压力，而出现严重的心理问题，让孩子与父母产生心理隔阂，导致关上了良好亲子关系的大门。

有时家长说是培养孩子乖巧懂事、成绩优秀，其实是为了让别人看到自己把孩子教育得多乖巧。这背后更多是为了家长的面子、为了自己的虚荣心。家长会在一起比孩子，其实不是在比孩子多优秀，而是在比"我多会教孩子，我多优秀"。

这些家长可能并没有意识到，自己会成为孩子童年最大的阴影。家长们无法理解，自己的爱出了什么问题，为什么那么不被孩子理解和接受。他们可能会想，自己以前就是这么被父母教育的，自己能忍，为什么自己的孩子不能忍？甚至会期待孩子也能和当年的自己一样选择忍耐。如果不能如愿，就会认为自己很失败，在父母那里是个没有勇气的人，在孩子面前是个没能力的人，连让孩子屈服的可能都没有，然后就会产生自恨或者抱怨的情绪，并把这个情绪释放给孩子。

其实这些父母忽略了一点：以爱的名义所造成的伤害，比那些陌生人的暴力伤害还要来得更彻底，我们要正视我们对孩子所做的一切。

我们成年后无法真正去爱别人，是因为我们曾经获得的"爱"给到我们的是"伤害"，所以在"爱"与"伤害"的畸形关系中，我们无所适从，又继续传递这样伪装过的"爱"给下一代。

网络中有这么一句话：中国的家长特别拧巴，当面拒绝沟通，背后默默奉献。

在家庭关系中，父母常常给自己编写一个剧本，这个剧本表达的基本意思是："我为你牺牲，我为你奉献，证明我爱你。"在这个剧本中，家长被自我牺牲、自我奉献而感动，觉得自己很伟大，可以为孩子做很多自认为是对孩子的保护的行为。然而心理学家分析，这样的行为实际是一种攻击行为，传递的信息是不接纳、不亲密、不信任。因此会形成这样一个现象：中国的父母一辈子都在等着孩子感激，而孩子一辈子都等着父母的道歉。

陶虹在一次接受采访中分享过一个故事：她的女儿一次不小心打翻了牛奶，她就立刻严厉地训斥了女儿，结果她从孩子的眼中看到了恐惧。瞬间，她也看到了曾经的自己。陶虹说她小时候有一次被妈妈当众打，只因少得了 5 分，那时，她眼中的恐惧就是女儿现在这样的，她花了好长的时间才疗愈了自己的那份恐惧。她自己曾经受过这样的伤，现在又在亲手传递着这样的伤害给女儿。其实，儿童心灵上的许多烙印都是成人无意间烙下的，这些童年的阴影成为我们生命的一部分潜意识。

有时我们看起来是在教育孩子，其实是内心对自己的不满，因为自己深受其苦，自己的恐惧会投射到孩子身上，怕孩子重蹈自己的覆辙。表面上是对孩子说教，其实是面对当时那个无力应对的自己，和对自己当初无力的宣泄。如果有这种情况，可以回溯自己的童年，如果能坦诚面对自己的童年，拥抱那时的自己，接受当初的无力，告诉自己那个时候已经尽力了，无奈是当时最好的选择，并承认这是自己的问题而不是孩子的，那么就会更容易理解孩子，也知道要如何对待孩子。

长期被家长否定、控制的孩子会很没有自信，即使孩子是对的，都不敢相信自己的正确，会显得胆怯，不敢发表意见，总怕出错。在家长的控制下，这些孩子越大越感受到自己没有办法主张自我，当他们有能力时，就会用叛逆，或者自我伤害的方式来反抗父母的控制，表达自我的存在感。

在缺乏关注的孩子的心中，很少留下父母的足迹，会产生自卑感，也会有很深的"不配得感"，会认为自己是一个不重要、不值得拥有的人，从而无法感受到爱的存在。由于缺爱，长大了也很难成为一个爱自己的人，会怕成为别人的负担，更谈不上懂得爱他人。

还有一些孩子长大后很想用证明的方式被别人看见，为了证明自己，会付出许多代价，当没有得到认可和回馈，就会愤怒沮丧，并且觉得身心疲累。因为证明自己需要消耗许多不必要的能量，而最终的结果并不是自己想要的，只是希望别人看见而"撒出去的烟火"，而这个"烟火"也未必是别人想看的。

有研究表明，在遇到陌生人时，我们会基于自己的童年关系，对这些人编织一些合理化的内容，形成自己对陌生人的偏见，在不知不觉中，我们把他们与我们原生家庭中的人物混淆起来，会不自觉地用自己最初的家庭剧本来给这些人对号入座，上演自己的剧目。

在我们面对自己的各种关系中，比如老板、上级、同事、爱人等，都会不自觉地投射出自己原生家庭中人物的一些特性，从而会植入自己对这些人的一些潜意识的偏见。

美国心理学家苏珊·福沃德和克雷格·巴克合著的《原生家庭：如何修补自己的性格缺陷》一书中提到"有毒的父母"（Toxic Parents）的概念，该书描述了多种被称为"有毒的家庭行为模式"。有些模式在家庭中并不少见，但由于孩子们在长大的过程中，潜移默化地合理化了父母的一些行为，并认同了父母的做法，用"父母都是为了自己好才不得已"等方式让自己从痛苦中解脱出来，甚至被粉饰得一片祥和。

这本书描述了每个人的性格形成和原生家庭有着怎样的千丝万缕的关系。有些家庭的父母行为并不易被觉察，且很难被界定，并不全是采取打骂虐待的方式对待孩子，却依然会渗透到孩子的精神中，影响孩子的人生际遇。海灵格①的"家庭系统排列"，也是通过各种方式协助人们看到家庭对我们每个人的影响，通过与原生家庭人员的关系和解来疗愈自己。

我们每个人都是通过自己的父母来到这个世界的，他们是我们来到地球后最依赖、最亲近的人，也是第一对给予我们爱的人，自然也

① 伯特·海灵格：德国心理治疗师，"家庭系统排列"创始人。

是给我们生命中留下痕迹最深的人。在我们的身上总是能看到父母的影子，这个影子除了基因，还有行为模式，即便看到父母身上自己不喜欢的行为，我们依然会沾染并延续，怎么也摆脱不掉，有时甚至会因此厌恶自己。

著名心理学家阿德勒曾说："幸运的人，一生都在被童年治愈，不幸的人一生都在治愈童年。"

"父母在我们心里种下了精神的种子，它们会随我们一同成长。"童年的经历，对于我们每个人来说都是生命中最重要的一段经历。可能真的没有人能够拥有一个完美的童年，所以我们在成年后才不断地想要去填充自己，让自己的生命变得更加完整。

三、分析原生家庭的意义

卡尔·荣格曾经说过："一个人终其一生的努力，就是在整合他在童年时代就已形成的性格。"

任何问题的形成都是有起因的，了解我们性格、行为的起因，就是有意识地去看见，有意识地去觉察。"觉察"对于我们每个人都至关重要，尤其是自我觉察。我们只有通过自我觉察，才能真正地更了解自己，才能真正帮助自己弄清身上的一些行为是如何产生的。分析自己原生家庭的状态，确实可以帮助我们看到一些难以发现的旧有观念、固有思维、潜意识以及长期以来的无意识行为和自动模式的形成，如果能从自己的童年出发，看到影响自己行为模式的根源，修复我们和自己的关系，确实可以改变现在许多"现世轮回"的魔咒，能让我们抽离出一种惯性的生活模式，更好地接纳自己，并更好地面对未来的生活。

父母按他们的方式养育我们长大，我们自然会深受父母的影响。如果能通过了解自己的原生家庭来认识自己、挖掘自己、探索自己，通过更深入去看自己的生命故事，从而引发对自己的反思，对于我们的个人成长是很有帮助的。这能让我们更早脱离现在困住我们的烦躁情绪和"盲驴拉磨"的状态。

分析原生家庭是因为我们都渴望被理解，而人类最基本的理解，就是对自己的理解。我们都需要首先成为一个最了解自己的人，因为"理解"本身就是一种疗愈。通过对自己的理解，更多一份对父母和孩子以及对他人的理解，进而传递理解背后的那份善意和慈悲心。

需要强调的是，对于分析原生家庭的状态只是一种方法和工具，是为了让我们更好地看见现在的一些惯性行为的产生，让我们知道无意识对生命状态的影响，而不是为了让我们去抱怨、指责原生家庭带给自己的伤害。

指责会让我们无法成为负责任的自己。当人们去指责他人的时候，自己的生命能量是退缩的状态，是一种逃避面对、关闭自己力量的状态。指责会让你觉得自己是正确的、无辜的、尽力的，但你却无法从中感受到幸福和愉悦。在家庭关系中，人们宁可证明自己是对的，也不愿意选择幸福。其实有时，人和人之间需要的不是对错，而是被看见，或是一句温暖的理解。

在家庭关系中，夫妻之间常常因为一些小事而发生口角，为了证明自己才是对的一方，不惜夫妻反目。在和父母、孩子、同事的关系中，仿佛自己的"对"特别重要。"争对"是害怕失去、内心有恐惧，敢于认错才是内心强大、懂得包容的表现。学会把"对"留给别人，把"错"留给自己，才是一个家庭走向幸福的根本。在家庭中，本来就没有绝对的对错，只有双方是否同意而已。在我看来，一个家庭中最大的"对"是懂得认错，最大的"错"就是去争"对"。

在我们每个人的经历中，常为了证明自己是对的而争得面红耳赤，甚至为了和自己毫不相干的事情争得你死我活，本来很开心的相聚，最后因为争执而不欢而散。

在家庭关系中，我们没有办法选择不和家人交往，只能选择冷战或逃避。但冷战和逃避都不是解决之道，问题依然会像"房间里的大象"一样让人窒息。尤其是有了孩子之后，家庭问题和矛盾也会越来越多。

为了解决矛盾，我们去参加学习，疗愈、清理童年阴影。人们在疗愈自我创伤的过程中产生了对自己父母的抱怨和憎恨，把自己放到了"受害者"的身份中，在讲到自己童年经历的时候，会用加工过的生命故事来告诉自己之前有多么不如意、多么不幸、多么生不逢时、选错了父母等，才造成今天的模样，在悲叹中唏嘘蹉跎。仿佛今天的伤痛都是原生家庭的错。如果带着这样的情绪和心态，就不可能从童年阴影中走出，反而会让自己现在的生活越过越糟糕。当抱怨成为正当的理由，你就会让自己沉溺于过去的痛苦而不去面对现在的生活，当人们用过去的伤害与受虐来为目前的生活辩解，就是忽略自己意志力的重要性。要看到自己已经为人父母，我们可以选择从现在开始变得不同。

我看到过一些朋友深陷成长的痛苦中，这些朋友来和我诉苦的时候，大多都是抱怨童年带来的伤害，觉得全家人都对不起自己。在讲述的过程中听到他们说到父母对自己的不负责任，或者很小就被送去爷爷奶奶家，再或者是因为父母的争吵，使得自己对婚姻恐惧，再或者是该保护自己的时候缺席了……因为有了以上种种，才使得自己现在的亲密关系如此紧张，使得自己自卑心如此之强，使得身边的人都在和自己唱反调，等等。

这样的"受伤小孩"好像成为了一种流行，心理师们也在帮助人们找回童年记忆，表达出当初的各种感受。但当人们陷入到早年痛苦的记忆中，就会把自己定义成"受害者"，会寻求照顾者的怜悯，让自己固守在"受害者"的身份中，让这种身份成了一种护身符，让自己看上去能成为现在的样子已实属不易，这样虽然自己是"受害者"，但内心也隐藏着因此而产生的引以为傲的自豪感。

从来咨询的人说话的情绪中，我可以感受到他们对于原生家庭的不满和自己对此的无奈。但当你把自己放在一个受伤的角色中时，实际上你就把力量交了出去，而等待某个人、某堂课、某本书来救赎你。

对于曾经的伤痛，我认为花一些时间去探究、去释放一些隐藏其中的感受是可以的，但不能沉溺在其中，更不能陷入曾经的记忆中。因为沉溺在之前受伤的记忆中，自怜的感受会让人不断加深自我满足感，从而会期待他人都看到自己的伤痛而显示出爱，期待所有的人看到自己的伤痛而赞叹自己的不容易。

当然，体会过去的记忆对我们的成长很重要，但我们也要看到，把这些放下，继续现在的生活更重要。想要选择继续现在的生活并不难，只要从想的那一刻起，就可以开始，不需要对"曾经"做完美的疗愈，只要放下"受伤小孩"的形象，就可以继续现在的生活，创造新的生活状态，疗愈会自然发生。

不少人觉得自己现在过得不够理想，就寻找自己曾经的伤害，想从曾经的伤害中寻找答案。其实，这些伤害未必都是真实的，有时会像律师引导证词一样，可能仅仅是一些片段模糊的记忆，然后我们就用逻辑把这些内容串起来，让自己的"受伤"顺理成章，然后就等待着他人为自己治愈。在这个过程中，始终执着于自己是"受伤小孩"，同情自己并等待他人，从而失去了自己的力量。

从一些来访者的描述中，我听到对方的童年并不如自己所说的那么不堪，甚至有些听起来还不错，但他们选择了"自己是被原生家庭伤害"的身份，强化"受伤"的身份，会让自己的现在显得更有价值感，显得自己现在的优越人生是靠努力获得的，自己没有更成功是因为原生家庭的伤痛阻碍，因为有了这样的潜意识，人们更愿意归因于原生家庭的伤害，而忽略自己童年有过的开心、幸福时刻。人们会认为父母给予的开心快乐是必须的，所以直接忽略；伤痛是父母不应该给予的，所以会有更深的记忆。因此，对于童年的记忆，我们并不客观。被困在"原生家庭记忆"中的人所记忆的并不是所有事实，而是自己选择记忆的那部分。

我想，每个人的童年应该都有快乐和悲伤的时候，只是我们选择了记忆哪部分的内容，选择让自己的记忆栖息在哪里而已。

让自己的记忆栖息在痛苦中，是为了让现在的生活空间显得更大些。这样的潜意识声音是：童年的经历给了我那么多的不幸，但我依然能创造出现在的生活，这并不是依靠我父母得来的。

让自己的记忆栖息在童年的幸福中，其实可以让现在的生活更美好而富有。我听过一些对于童年记忆分享都是比较正面的记忆。虽然从这些人口中也得知家庭的严厉、父母的阻碍影响了自己的婚姻和一些选择，但这些人并没有用抱怨的状态去讲述这部分的不幸，而更多分享的是从父母那里收获的智慧和力量，更能换位思考，去理解父母当初的行为，多了份包容。这些人体现出的不仅是事业成功，而且家庭关系也非常好。

他们承认父母对自己的照顾和支持，承认今天的个人成绩和父母息息相关，承认从父母那里获得了力量。这让我感受到，其实承认父母的力量，你就传承了这份力量，减少了对抗的阻力，反而能协助事业发展，生活的幸福空间也能更大。

可能有人不接受这样的说法，会觉得自己童年真的很痛苦，这个我也非常理解。但任何时候我们都有选择的权利，尤其是我们已经长大成人，更要用智慧去疗愈自己。我们要明白，真正与你有关的是此时、此刻、此地每个瞬间的自己，不是过去也不是未来，不管在别人眼里你的曾经是痛苦还是坎坷，在未来你的人生是荣耀还是幸福，这些都只和你有关。你并不活在别人的阴影里，也不活在别人的期待里。当你能体察到生命的每个瞬间都是奇迹，享受每个瞬间生命带给你的快乐时，你的人生就不会差，生命的奇迹也会因此而发生。改变随时都在发生，你也随时可以开始改变。

我们每个人的记忆都有偏差，如果让你和你的父母分别来回忆你们童年的一段经历，你会发现有三个不同版本的故事。我们每个人都会选择记忆我们想记忆的那个部分，并加工成一个合理的故事，而这并不是我们活出来的全部样子。所以你真的以为童年发生的过去不能改变吗？

人们在疗愈自我的过程中，对原生家庭的抱怨，更多的是来自不接纳自己现在的生命状态。人们因对自我的不满，没有足够的勇气去面对自己，才会选择向外寻求原因和解决方案。而那只是思维自我安慰设定的圈套，其实疗愈原生家庭不是要让父母改变，而是要疗愈与自我的关系，是修复自己，是把自己独立出来，成为一个真正拥有独立人格的人。不认识到这一点，就是在沼泽地里用力。

当然，了解到童年阴影对于我们的影响之后，选择指责、抱怨、无奈是最简单有效的让自己心理平衡的方式。把自己放在受害者的身份中，除了能表现出"现在生活的一切不如意并不是我的错"以外，还会让自己有些许的成就感和满足感，因为潜意识会编织一个理由告诉自己：你今天一切的不如意，都是因为你有这样一个原生家庭，在这么糟糕的情况下能有今天这样的状态，说明你已经尽力了。用合理化的方式来寻求内心的平衡，来自我们大脑的自欺性。

四、人类自欺性的谎言

大脑进化到今天，已经有爬虫脑、哺乳动物脑和皮质脑这三个层次。皮质脑是最晚发展出来的，我们的逻辑思维、设定目标、空间概念等都来自这个大脑，它还有一个功能，就是平衡我们感受中的不舒服，为了让我们有自我良好和舒服感，这个区域的大脑会欺骗我们，会用一些合理化的方式进行解读，这是人类进化至今的一种天性。

神经科学研究证明，意识通常发生在动作之后，而我们却自以为是意识指导了动作的发生。做决定的是意识，而导致后果的是潜意识，大脑要平衡结果，就会产生自欺性，给自己一个合理化解释，这个解释会让人更相信"这个结果是我主导的，而不是我的无意识行为"。

罗伯特·特里弗斯曾经总结了许多人的自欺类型，他在《愚昧者的愚昧》一书中说道，人的自欺性会对我们的免疫系统形成破坏。因为人的自欺，会让自己离内心的事实距离越来越远，虽然暂时给了我们一个合理的解释，终究还是无法欺骗我们的内在。自欺会影响我们对于信息的获取，也会影响我们对信息的分析和解读，因而真相就会在这中间被逐渐扭曲。我们通常在接受信息的时候，会选择性地接收对自己有利的信息，主动回避对我们个人而言无利的信息，然后扭曲自己的记忆，如果必须要接受对自己不利的信息，就会扭曲事实来支持自己，甚至杜撰出一些合理的信息来粉饰自己，重新组合自己的记忆。如果有自己感觉不道德的行为，也会将其归咎到外部因素，而不会归咎到自己身上，给自己一个不得已而为之的假象。我们通常习惯于否认自己的错误，并将其投射到别人身上。

虽然人类进化出了理性思维，但由于耗能太大，我们更愿意用五感去感知，没有深度开启我们的大脑。这也就是丹尼尔·卡尼曼所著的《思考，快与慢》所研究的"大脑存在两套系统"，并且阐述到大脑思考机制引发的心理学效应和带给我们的直觉缺陷。据统计，大多数人动脑和用感官的比例大概是1∶99，人类的感官形成比思维层面要早，这也是人类当初为了生存发展而来的，现在随着生存压力的减少，人们越来越需要一个真实的世界。我们需要主动去改变，才能让自己的大脑更适应现在的生存环境。

五、生命以负熵为生

当我们无意识地去做重复的事情时，就会进入"熵增"的过程；而当我们有意识地去觉察自己的时候，就是在刻意进入"熵减"的过程。"熵"是一个物理学概念，热力学第二定律告诉我们，在任何自然过程中，总熵不会减小。因此，热力学第二定律也被称为"熵增定律"。

有这么一句话，我很喜欢："熵和生命活力，就像两支时间之矢，一头拖拽着我们进入无穷的黑暗，一头拉扯着我们走向永恒的光明。"

1943年，薛定谔在剑桥大学讲台上分享"生命是什么"的主题时说道："自然万物都趋向从有序到无序，即熵值增加。而生命需要通过不断抵消其在生活中产生的正熵，使自己维持在一个稳定而低的熵水平上。生命以负熵为生。"

在面对自己的生命状态时，我们也要学会用负熵来对生命负责。我们要客观地看到，虽然原生家庭确实对于我们现在生活有着各种影响，但当初绝大多数的父母给能带给孩子的童年，已经用了他们所知道的最好方式。我们要理解，父母和我们经历的年代不同，每个年代都有每个年代要面对的事情，我们不能拿父母在他们那个年代所拥有的认知水平和教育水平，来评判他们对我们所做的一切。我相信多数父母都是爱自己孩子、愿意为孩子付出的，也是用了自己认为好的方式，这是身为人类的本能，母鸡都知道要护着小鸡，更何况我们更高智能的人类呢。

记得有一个故事：一个男孩受魔鬼的诱惑，掏出母亲的心给魔鬼。他捧着母亲的心在赶往魔鬼森林的路上摔倒了，母亲的心问他："摔疼了没有？"那声音中只有心疼，没有责备。

我们的上一代人，很少能像我们一样关注内在的感受，他们在中国的变革中经历了太多。

有时，我们从自己的立场出发，并没有关注到父母的想法，也没有试着去理解他们的感受。我们过多地在意自己的感受，还会觉得父母理所应当地应该照顾我们的感受。他们为我们的生活创造了绝对的红利，我们在享受红利的同时，应该多一份感恩之心、孝顺之心、慈悲之心，少一份抱怨之心。

我们一出生，父母就已经是"父母"了，我们并不了解他们的童年，也不清楚他们的成长经历，在我们看到他们的无心之错对我们造成的伤害时，我们是否考虑过，他们可能也是咬着牙这样走过来的。在教育孩子的路上，每个人都是"摸着石头过河"，都不清楚会面临什么，他们已经尽力了，我们应该对父母多一分理解。

当我们还是孩子的时候，我们无力改变和面对；当我们长大之后，我们应该让自己更多地去理解一切发生的背景，带着善意去看待自己的童年经历。

如果能更多地和父母聊聊他们的成长经历，对父母多一分理解和包容，对于下一代也是一个更好的传承和引导，也能让家人的关系更靠近，并减少误会。毕竟我们在做，孩子在看。

记得有这么一个小故事：古时候有个孩子叫孙元觉，从小孝顺父母、尊敬长辈，可他父亲对祖父却极不孝顺。一天，他父亲忽然把年老病弱的祖父装在筐里，要把他送到深山里扔掉。孙元觉拉着父亲，跪着哭求不要这样，但父亲不理。他猛然间灵机一动，说："既然父亲要把祖父扔掉，我也没办法，但我有个要求。"父亲问什么要求，他说："把那个筐带回来。"父亲不解道："你要这个干什么？""因为等你老了，我也要用它把你扔掉。"父亲一听，大吃一惊："你怎么说出这种话！"孙元觉回答："父亲怎样教育儿子，儿子就会怎样做。"父亲想想，赶紧把老人接回家赡养。

我们如何做，孩子就如何看，如果我们一味地抱怨、指责自己的父母，那么你是否考虑过孩子将来也会不断地抱怨、指责你？那时，你的心情又会如何？

六、与其抓着过去的伤痛，不如放过自己

难道我们一定要把自己的不幸归咎在父母身上吗？一切都是父母造成的，而我们无力挽回吗？其实，我们更应该看到的是父母给予了我们什么，而不是我们缺失了什么。

阿德勒[①]在否定心理创伤学说的时候说："任何经历本身并不是成功或者失败的原因。我们并非因为自身经历中的刺激——所谓的心理创伤——而痛苦，事实上我们会从经历中发现符合自己目的的因素。决定我们自身的不是过去的经历，而是我们自己赋予经历的意义。"

决定我们自己的不是"经验本身"，而是"赋予经验的意义"。经历本身不会决定什么，我们给过去的经历"赋予了什么样的意义"直接决定了我们的生活。人生不是由别人赋予的，而是由自己选择的，是你选择了如何面对生活。

我们也应该更多、更全面地去认识我们的父母，了解他们的人生、童年，把他们当成也会犯错的普通人，这样就更容易去理解父母当初的行为。更重要的是，我们应该怎么看待自己童年发生的一切，而不是抱怨父母带给我们的伤痛。是要被拽进无尽的黑暗，还是要走向永恒的光明，选择权在我们自己手里，成长永远只和自己相关，力量来自于自己的内心。越是能放下过去向前看的人，越能绝地反击，活出

---

① 阿尔弗雷德·阿德勒（1870—1937）：奥地利精神病学家。

精彩人生。

如果给你一个坐标，画上 XY 两个轴，X 轴是以五年为一个单位的时间轴，Y 轴是对自己满意程度的分值轴，你可以在自己认为人生有转折的地方做标注，看看人生的走向是否都刚好和你曾经的伤痛、挫折、感情、疾病有关。

奥黛丽·赫本是我一直以来很喜欢的女演员，镜前妆后，她是奥斯卡影后；落幕台下，她是孩子们的"人间天使"。然而，她的童年记忆并不那么美好，在她的记忆中，父母经常吵架，她常常吓得躲到桌子下面，6 岁的时候，父亲就抛弃了他们，再也没有回来。童年的赫本不仅缺失温暖和安全感，还常常填不饱肚子，她的童年和青少年时期都处在战争期间，她常常喝大量的水来充饥，甚至靠吃郁金香的球茎和野草存活。她热爱舞蹈，用她的话来说："我想要跳舞的渴望，超过了我对德军的恐惧。"就这样，赫本在动荡的年代穿着木质的舞鞋，保持着自己的梦想和优雅。成名之后的赫本，一直感恩于自己曾在战时受益于联合国儿童基金会和救援十字会，她在晚年投身到慈善事业中，并不遗余力地利用自己的影响力来呼吁人们关注儿童的生存状态。这和她在童年深刻感受过的痛苦有关，做慈善的同时，她也是在疗愈自己的童年，希望帮助更多的孩子，让他们不至于面临自己曾经有过的痛苦。

有着"星巴克之父"之称的霍华德·舒尔茨在自己的书中提到，自己的童年可谓"一无所有"，他说自己就是在匮乏和没有安全感中成长起来的。用他的话说："是父亲一生的悲剧激励了年轻的我追逐自己的梦想。"这个悲剧的起因是在他 7 岁那年冬天，父亲在工作送货的途中摔断了腿，在没有任何保险的情况下，又被公司变相辞退。本来是家庭经济支柱的父亲因为这次意外，使得一家人陷入了困境。也正是因为经历了这次悲剧，他暗暗发誓，如果有一天自己成为老板，一定不会让父亲的悲剧重演。

星巴克从几家小店到现在全球有 3.2 万家门店，完全走出了自己的道路。让舒尔茨引以为傲的是，他真的实现了自己童年的梦想，成立了一家真正以责任感为导向、以人为本、把员工的价值和利益放在首位的公司，并与员工共同成长和分享成功。星巴克至今为止是零售行业里少有的给所有员工提供全面医疗保险的公司，并且向员工提供公司股票和期权。

舒尔茨在自己的书中也强调说，希望能通过自己的"逆袭之路"鼓励到更多的人，并且不希望自己父亲的悲剧再次发生在别的家庭。

从以上这几位我钦佩的人身上，我们可以看到他们的原生家庭并不如意，甚至比我们大多数人的还要糟糕，但这并没有影响他们为自己创造奇迹，为社会创造奇迹！他们从糟糕的环境中转化了自己的能量，寻找到了自己的使命，成就了自己的梦想。

从这几个人的例子中，我们看到了是否能从原生家庭的阴影中走出来，靠的正是自己！不管你经历了什么样的童年，你都有可以将童年的阴影终结在自己身上，并从中找出服务于社会的力量。这才是对自己负责、对家庭负责的态度！抓着过去的伤痛其实是放不过自己。

七、"心随境转"，增加势能

当我们学着把能量从低处抽到高处时，我们就增加了自己的势能，就能唤醒自己内在的力量，从而创造奇迹。

我们是经历了不快乐的童年，但我们也要清楚，那是父母的无心之错。虽然这些无心之错给我们带来很深的痛苦，但那是我们需要自己去面对、去疗愈的事情。如果我们能够直面自己的痛苦并由自己负责，我们才能成为一个成长型的人。我们要用这份对童年的认知和感受，来体恤我们的孩子，更多地理解我们的孩子，不要让孩子再重蹈覆辙，经历我们曾经经历的那些不美好的记忆。

用感恩的心去看待我们童年的经历，所有的经历都属于我们自己，这也是我们能走向成长之路的契机。在我们成长的路上，父母必然和我们有着很强的关联性和影响力，但如果你用抱怨、指责的方式去看待这一切，其实就是主动交出了自己成长的机会，主动放弃了自己人生的选择权。

学会谅解自己的父母，也要学会原谅自己。人不能活在憎恨或后悔当中，这样的能量会让你无法享受当下，更没有能量去改变自己，憎恨只能带来一个家庭的恶性循环。

任何时候都可以"心随境转"，就看你从哪个角度和维度去面对自己的遭遇了。你可以觉得自己是个倒霉蛋，也可以相信自己就是那个天选之人，生活给你这样的经历和考验，就是为了让你创造更大的奇迹，让你从糟糕的经历中挖掘出自己的使命，成就自己的梦想。要知道，永远都有一个美好的世界在等待你去开启，就看你是否准备好，决定踏上前行的路。

一个人的潜力到底有多大，你试过后才知道。通过上面几个例子，我们可以看到：我们的使命是可以从童年阴影中探寻到的，善用我们的伤痛，可以挖掘出我们此生的使命和生命的意义，你生命的意义一直都在，并不需要重新创造一个出来，你只需要从过往的经历中去探寻出你今生的使命。能从过往人生经历中找到自己的使命，幸福人生就是你最大的福利。

人生并不按我们期待的样子开启，有时礼物会带着伪装来到你的身边，当你能用感恩和慈悲心打开这个伪装后的礼物，你就会获得滋养，会知道宇宙对你的爱有多深。

就像刚才三个案例中的经历，他们从童年的阴影中找到了自己为之奋斗一生的使命，在为之奋斗的过程中疗愈自己、成就自己。成就不是为了凸显自己的状态，而是成为引领者，在他们的成就中，做事比存在更重要。我欣赏他们的生命，这样的生命充满了各种新的可能性，不需要他人为此付出代价，这样的人，不抱怨人生带给他们的不公平，有勇气让自己的生命更有创意、更有意义。他们都因为自己淋过雨，而愿意为他人撑起伞。

霍金斯花了 30 多年研究出来的能量层级图给我们展示了人在不同的状态和情绪时，会处在不同能量层级里或频率中。在能量层级图中，我们可以看到，与抱怨相关的能量都是负值，是低能量层级的；与感恩、主动改变相关的能量都是正值，如果我们能主动选择用接纳的心、感恩的心去看待自己的童年和原生家庭给自己的经历，就是在迎接这些伤痛带给你的成长、带给你的礼物，你可以在这样的礼物中收获宝藏。通过感恩的方式可以把自己的能量从低往高处带引，给自己增加势能，从而扩展自己的能力，当你的能力扩展了，你的想象力、创造力都会随之而来，你也唤醒了自己内在的巨人。

"幸福的家庭都是相似的，不幸的家庭各有各的不幸。"要想让不幸的家庭慢慢趋向于幸福的家庭，就要从自己出发，有意识地让自己的潜意识更多地成为显意识，那么我们的疗愈和解惑才会有用，才能让人们慢慢找到幸福的本源。反之，你只会在感叹这一切都是命运安排之中消耗自己的一生。

那些拥有抱怨心的人，大多是因为对父母有期待心，期待自己拥有完美的父母，想要通过改变父母来改变自己的命运。这样的人也会期待拥有完美的孩子，也会不断给自己的孩子加码、提要求，期待孩子满足自己的需求，自己就可以获得完美人生。这些人对自己也会很苛刻。期待是对现状的不满，是一个陷阱，当你陷入期待的陷阱，你就总会对现状不满，从而放弃了在当下拥抱生命的可能。

如果你深陷期待他人改变，你就是找错了幸福的支点。要知道，幸福的支点永远在你自己身上，并不是只有别人改变了，你才可以幸福，任何时候，只要你改变了，你就可以获得幸福。

我在讲分享课的时候，听到学员说得最多的是：我真应该带我的伴侣或父母来听听，光我听没有用，他们不改，回去还是老样子！

有一次我问大家：如果你为寻求改变而做了100％的努力，而你的伴侣、你的父母不改，你认为你的努力可以获得多少百分比的成绩？如果你的伴侣明确告诉你他不改，你又有多大决心愿意做先付出、先改变的这个人呢？

记得当时回复最多的是：凭什么我先改，家就是两个人的事情，我做了100％的努力，对方不改，那么我再努力也只能有最多50％的改变，这太不划算了！

在我看来，这样的回答是没有爱的能量，是把家庭关系当成了交换。在这样的交换中寻求着公平，衡量着谁付出多、谁付出少，为自己的每一份付出计算着应该获得的比例。

这样的算计之下，你的幸福支点一定不在自己身上，而是在别人身上。当你把幸福的支点放到他人身上，就是在暗示自己没有力量、没有能力。如果你愿意做那个先主动改变的人，你其实就是在告诉自己并肯定自己："我是有力量的人，我可以改变这一切！"

能量的奇妙之处就在于，当你愿意主动开始改变一个家庭的关系时，这个家的能量会因你的改变而呈现正比例的改变，你会收获超过100％的改变！家庭的关系，包括爱人、孩子、父母会因为你的改变而改变，这是振频的涟漪效应。而且只要你愿意先付出改变，就是在暗示自己是那个有力量的人，是那个值得拥有幸福和被爱的人，你的爱也会因此越来越足，最终在成长路上也会成为收获最多的那个人。

在成长的路上，永远都是先迈出脚步的人越走越轻快，并最先获得幸福和满足感。在成长的路上，不要去寻求公平和"凭什么"，那本来就是你迟早要走的一条路。先迈出成长脚步的人价值感会更强，当某一天你回头，看到整个家的能量都因你而和睦、而改变，你就像光一样照亮了整个家，内心的幸福感会是所有人的 N 倍。

八、感 恩 的 心

记得一次和朋友聊天，聊到"感恩"时，朋友说："让我感恩可以，我可以感恩帮助过我的人，那是必须的，但是伤害我的人，我是无法感恩的，我想不通为什么要对伤害我的人感恩，也做不到，我不想虚伪。"

这确实是大实话，感恩帮助过我们的人，这是我们身为人，在良知上的选择。至于伤害过我们的人，确实想想曾经的伤害就心里带着痛，如何去感恩？

其实，选择感恩伤害过你的人是一种放过，放过的不是别人，而是你自己。

要知道，正是因为有了这些人的出现，你才明白这个世界的多元，才看到了自己天真和盲目的部分。虽然伤害是会很痛，但痛过之后，你会有钢化反应，会更坚强，会更明白什么是爱，也能看到更完整的自己。

感恩自己没有因为他人的伤害而选择伤害他人和自己，感恩自己依然善良、依然诚实、依然是那个真诚面对有勇气的人。

如果你抱怨原生家庭没有给你想要的一切，那么请感恩，那是你的父母能给你唯一的爱的方式；

如果你在抱怨孩子不乖，那么请感恩孩子是来陪你一起长大的，你也需要成长，那是他们给你的爱；

如果你失恋，抱怨老天没有给你一个好的缘分，那么请感恩，TA的离开是为了让你拥有更值得的爱……

用感恩的心去看待自己的童年和父母，还有一个重要原因是：不要让自己在失去父母的时候后悔终生。

父母终将会先我们而去，他们把我们抚养成人，和我们相依为命一生，骨肉相连的血缘关系，让我们不管表面如何抱怨，其实内心都始终放不下，对父母都有着很深的爱，这个爱无人可以取代。当有一天，你的父母忽然间再也不能和你说一句话、再也不能和你吃一餐饭，就这么默默地离开了这个世界，你内心的那份依恋、那份爱会告诉你，你有多么爱他们，如果在父母生前你没有好好善待父母，你会追悔莫及，会后悔自己没有花时间好好陪陪父母，会后悔自己没有在他们生前好好爱他们，还给了他们那么多抱怨。追悼会再隆重也无法弥补你父母在世时，你没能尽的那份孝心。

记得曾经有个朋友，总是在我们面前抱怨他的父亲，那种抱怨让人感觉父亲和他有着不共戴天的仇恨一般。他说父亲从小抛弃了他和妈妈，让他们生活得很艰难，每当这么说的时候，我能感觉到他的牙齿都快被咬碎了，以至于他从来不肯叫一声"爸"。一次，他的父亲觉得自己年事已高，想和唯一的儿子说说话，千里迢迢来到深圳找他，他直接给父亲叫了一辆出租车，然后告诉司机说："你随便开，开到哪里都行，钱我付，就是不要让这个人出现在我面前！"就这样，父亲在这辆没有目的地的车上离开了他的视线，这也成为他和父亲的最后一面。

没过多久，他收到父亲过世的讯息，我们谁也没料到，他接到电话的那瞬间，眼泪像决堤的水喷涌而下，立刻买票返回老家，给父亲奔丧。回来后，他感慨万分，非常后悔自己不但没有尽到一个儿子应该有的孝道，还让父子相见的最后一刻那么地冷漠和残酷。

他说，估计父亲是含恨而终的，他无法原谅自己那么残忍。他也没有想到，他无数次地咒父亲为什么不早点死，而当父亲真的就这么离开的时候，他才知道自己内心有多么地爱他，但在父亲生前却没有和父亲表达过一句爱的话语。他告诉我们这些，是想用他真实的感受让我们知道，父母还在，就很幸福，千万别辜负了这份幸福，让自己遗憾。不管你现在和父母关系如何，都尽量去爱他们，不要去恨，尽量去尽些孝吧。父母的时间是过一天少一天的，多陪陪父母，不要最后像他一样，到失去的时候才追悔莫及，但什么都于事无补了。

这件事让我记忆深刻，因为当初同事对父亲的那份反感没有任何遮掩，让我们能真切感受到他对父亲恨之深切，然而当这个被称为"父亲"的人真的从他生命中消失时，我感觉到他的天塌了，让我明白了人的这份亲情是打断骨头连着筋的。

不要到了"子欲养而亲不待"的时候才后悔，才感叹为什么父母在世的时候没有多陪伴，为什么没有多和父母说说心里话。我们忙碌的脚步永远赶不上父母变老的速度，所以能在家多吃顿父母做的饭，多和老人家唠唠嗑，多陪老人出去走走，把看抖音、打麻将的时间拿出来陪伴父母，我想真到给老人家送终的那刻，你不会有过多的遗憾。

我很庆幸，妈妈能一直和我们生活在一起，我也很庆幸能带给她晚年的快乐和幸福，让她在七十岁时还能实现童年登上舞台演奏的梦想。妈妈现在每天都是快乐的，时间安排得很紧凑，和两个孩子相处得也很和睦，常常看她们三个像小朋友一样快乐地交谈，没有隔代的争吵和烦恼，在她们的交流中我看到了爱和理解的流动。

当你发现自己渐渐老去时，你会感悟到人世间最珍贵的东西莫过于你所遇到的所有人，也许那个时候，你想对曾经爱过的、恨过的、伤害过的人再说一句感恩，已经来不及了，那么，在还来得及的时候，去拥抱还陪伴在你身边的家人，你的父母，去祝福那些曾经伤害过你的人，去感恩自己依然善良真诚的心。

回顾过往，感受到能向前看的人是幸运的，能用感恩心去面对挫折的人是幸运的。原生家庭也许会带给你不堪的童年，也许会给你并不美好的记忆，但换种思维去想想，正是因为生命掏空了你可以依赖的心，拿走了你可以依赖的一切，让你的面前只有一条路可走，你唯一能做的就是：再大的风雨，再难的环境，只剩下前行，你就会选择依靠自己并信任自己，当力量全然回到你身上时，你是幸运的。

人天生有惰性，有依赖心，总想着要武装到牙齿才可以出发。当你觉得自己还没有准备好，并没有那么信任自己的时候，生命适时地把你推向唯一可走的一条路，当你明白自己要去的地方，你会发现整个宇宙都会为你让路。

我相信有这样一条路：可以让我们过上充实有意义的生活，可以让每个家庭成员相伴成长，可以让每个家庭更富有创意、更和谐美好，让几代人同处一室也能其乐融融。在这样的家庭环境中，亲子关系不再那么紧张，夫妻关系也减少了乌烟瘴气，与父母长辈的关系更和谐舒服。

在我看来，家庭本身就是血脉相承的关系，也是因爱才组建到一起的。只是在家庭关系中，我们忽略了爱本来的样子。我相信当家庭中的每个成员都散发出爱的本质时，家庭就会呈现出我们最初想要的模样，能以更放松、更舒服的方式建立真正心的家园，让家成为每位成员心的港湾。

我希望通过本书的内容，能给每个心中有爱的家庭成员一份真诚的邀请，就像导航图一样地去阅读，并通过书中的内容分析自己的问题，重新定义家庭，并从自身出发，采取行动，打造共生型生态家庭。

如果你是家中第一个有缘读此书的人，那么请相信，你就是引领你们家庭幸福使命的那个人！让家庭每个成员在你成长的过程中被你点燃、被你照亮，并支持家的成长，从而能给孩子做好榜样。照顾好老人，让家庭关系更和睦、更温暖，你也因此获得最大的滋养和价值。请相信，当你回头来看，你在这个过程中是最有收获的那个人。

记得 1979 年诺贝尔和平奖获得者特蕾莎修女接受记者采访时，记者问她："我们能做些什么来促进世界和平?"她的回答是："回家，并且爱你的家庭。"

那么，我也想和各位读者说：想要收获幸福和成长，请爱你的家庭。

思考练习：

　　如果 Ｘ Ｙ 两条线画一个十字交叉轴，Ｘ 为年龄（每五年一个刻度），Ｙ 为分数（10 分为一个刻度），从你现在的年龄回看之前，给自己评分，你给自己打多少分，为什么？

　　给自己一个独处并安静的环境，让自己放松，可以的话，请先做几个深呼吸，保持内心的平静，并拿出纸笔，认真回答以下问题：

　　1. 从图中，你看到你的人生曲线是怎样的？

　　2. 让这条曲线发生转折的是什么事件？当时发生了什么？

　　3. 为什么会有这样的事件发生？现在再看对你有什么新的启示？

　　4. 如果继续在图中画出你对未来的分值曲线，你希望是什么样的？并画出来。

　　5. 你认为做些什么，可以让你的未来曲线更贴近你的期待？

　　6. 看着这张曲线图，带给你什么样的感受和反思？

　　7. 如果向前迈一步，你会做什么？

家庭底色

　　我们每个人都是通过自己的父母来认识和了解这个世界的，每个人从父母身上遗传的不只是基因，还有潜意识的底色。

　　曾经有本很火的书登顶《纽约时报》畅销书排行榜，比尔·盖茨年度特别推荐——《你当像鸟飞往你的山》（塔拉·弗斯特弗著）。该书作者 17 岁之前没有上过学，但通过一系列的努力和机缘，最终到剑桥和哈佛两所名校攻读了哲学硕士和历史学博士。她的一生是传奇的一生，她想通过这本书，告诉人们她通过教育走向了新的世界，改变了自己的命运。

　　怀着好奇心，我翻开了这本书。书中以作者自述的方式，向读者介绍了自己如何通过父母和家人来了解这个世界的。书中很真实地记录了他们这独特的一家，由于父亲的偏执，使得她在 17 岁之前的童年都是由垃圾场和废铜烂铁铸造出来的。她童年的世界，完全是在父亲的构建中认识到的：成长中，她一直在为末日降临做准备，提防着太阳变暗，提防着血月出现，夏天把桃子装罐储藏，冬天更换应急补给，这一切只为人类世界崩塌时，他们一家会继续存活，不受影响。她一直这么笃定地相信着，直到所谓"末日"到来时什么都没有发生。

在父亲的眼里，外面的世界里都是魔鬼。这家人最与众不同的是他们都不去上学，而且父亲很担心政府会抓他的孩子去上学，然而这七个孩子中，四个都没有出生证明，政府根本不知道这些孩子的存在。这个女孩儿从出生就被告知上帝会安排好一切，外面的世界都是撒旦的世界，不被祝福，只有自己这一家才是被上帝眷顾的，那些政府的行为都是为了诱惑他们，所以这一家人不给车买车险、开车不能系安全带，出了车祸、摔断骨头、被火烧伤等任何病都不能去医院接受治疗，不能穿漂亮的衣服，不能接受政府以及教会的援助，等等，作者一直深信着父亲眼中的世界，他们整个家庭就是这样在山上度过的。

直到作者 17 岁那年，开始通过唱歌进入剧场，接触了一些外面世界的人，从而一步步走进哈佛。通过她对外面世界的观察，了解到父亲口中的"魔鬼世界"并没有那么可怕，反而给她资助，向她伸出友好的手，这让作者挣扎、痛苦、纠结，一个是她从小相信的世界，一个是自己感受到的世界，这两个世界如此颠覆，让她不知道哪个世界才是"魔鬼"，哪个才是真实。

她在自己不断求学的路上慢慢开始接受教会的救济，开始生病吃药片，换上了合身的衣服，开始接受父亲嘴里这个"魔鬼世界"，也接受了更多的教育，让她慢慢明白自己已经不是当初那个被父亲养大的孩子。但父亲依然是那个养育了她的父亲，两个人的世界隔阂不仅来自时间和距离，还有她的自我改变。

这本书带领我们看到了一个孩子在偏执狂父亲的世界里如何认同了那个世界并为此一直努力，即使自己受伤、受苦、害怕、恐惧，还是以为世界就是父亲构建出的那个样子。作者通过教育走出父亲的世界，进入全新的生活中，而她其余的兄弟姐妹依然相信父亲构建的那个世界，并选择和她决裂。

通过这个故事，让我们更深刻地看到，每个孩子在生命之初都是通过父母来了解、认知这个世界的，我们不管与这个世界有多少的接触，最初都是透过父母的嘴、父母的眼来看的，相信着父母告诉我们世界的样子，这种最初的了解奠定了我们对这个世界认知的底色，就像书中作者那个童年的世界一样，她一直笃定地相信那个废铜烂铁的垃圾场就是生活的全部。

我们带着这样的底色渐渐长大，慢慢用我们的眼开始去接触、去看世界。当这个世界与父母描述中的样子背离，我们首先会自我怀疑，就像书中这位作者一样，在不断地怀疑世界与自我怀疑之中开始对焦，在对焦的过程中通过探索来渐渐认知自己的世界。即使我们已成年、已为人父母，这种探索的过程依然存在，我们身上依然有父母世界的影子在影响着我们的生活。

我们通过父母认识了这个世界，继而成为自己孩子的父母，我们也一样会把自己认知的世界底色带给孩子。我们正成为孩子的原生家庭，真要为了孩子好，就要慎重"填色"，不能再沿用老一代认知的世界来制约孩子的世界了。

抑郁症、自闭症等名词越来越多地跳进我们的视野，可能我们会疑惑，现在的孩子为何如此脆弱，为何不能像我们当年一样，咬咬牙就过去了。我们小的时候物质生活极度匮乏，而且一家兄弟姐妹好几个，父母根本无暇照顾我们的感受，更不可能关注任何一个孩子，能让全家吃饱就很幸福了。然而现在的生活水平已经这么高了，孩子们拥有了我们以前梦寐以求的一切，可是现在的孩子好像总是无病呻吟，经受不起挫折，没说两句就自闭、抑郁了，感叹着一代不如一代。

我们要看到世界在变化，孩子的世界和我们当初面对的世界已经发生了翻天覆地的变化。我们不能用自己曾经认识的那个世界的方式去看现在的孩子。那个时候，我们虽然受过许多物质上的苦，也不会被父母关注，甚至还常常饿肚子，但那个时候我们能咬咬牙就挺过来的，正是生存感这个原始基因的状态给了我们喘息的余地，让我们去面对的就是那个为了生存的责任和意义感，所以我们能够挺过来，显得不那么矫情，也是因为生存的需求给了我们自救的能力。

而我们的孩子出生在这个物资极其丰富的世界里，我们会想：生存问题已经解决了，你们就按我们的成功经验去做吧！但我们并不能如愿，我们会用自己的眼光去看孩子，认为已经解决了孩子的生存需求，孩子怎么还那么不知足，那么叛逆不听话，说几句就抑郁了呢。

但我们不知道，当生存需求不紧迫了，生命意义就要重新找出口。现在的孩子是不需要考虑温饱问题，所以会把注意力放到更深层次的感受上，我想这其实是人类的进步和发展的必然阶段。现在的孩子更需要通过感受与这个世界连接，要有价值感的体现，孩子才能感受到自己的存在，而这些需求也同样正在我们身上体现着。

这在我一次看画展上就深有感受，那次画展从 1960、1970 年代的画家到 1980、1990 年代后的画家都有，从画风上一看就能区分出 1960、1970 年代的画家和 1980、1990 年代画家。1960、1970 年代的画家技巧纯熟，自成一体、拥有独特的风格，一看就能知道是谁画的，个性很明显，但与欣赏画作的人没有交流互动感，作为欣赏者，感受到的是作品的独具一格、技艺非凡、画作的大气磅礴或小家碧玉；后者的作品没有鲜明的个人风格，但从画面中能感受到与观赏者的互动，描绘出的作品能让看画的人有情绪上的反应，感觉和自己有联结。这两代人的画作也正体现了我们现在生活中两代人的不同。

我们这一代是最缺乏感受力的一代，为了追求生存，我们和感受隔离，切断了与自己的联结。我们会以为付出就是高尚的，不管这种付出在对方眼里是不是灾难。以为作为家庭中的牺牲者就劳苦功高，不管这种牺牲是否是对方想要的。但作为牺牲者本身，其实是一种自我需求的满足，是一种抬高自我形象的方式，关注点其实是在自己身上，而并非对方身上。因此，我们给自己塑造出了一个苦口婆心、忍辱负重、操碎了心的自我形象，然后认为自己付出了那么多，孩子就应该听话、感恩，可为什么熊孩子还是不断出么蛾子？我们感叹命运对自己的不公，把自己美好的生命都奉献了出去，还是改变不了现状。然而，因为这些家长的付出，只是为了填补自己内心的黑洞，和关注孩子成长背道而驰，反而会因此剥夺了孩子的思考和成长。

一次，一位家长向我咨询，她发现孩子开始用家里给她买的东西和同学们换零食，这让她非常恼火。我询问了孩子的一些情况，了解到他们之间的交流非常糟糕，从她简短的描述中我听到了对孩子的抱怨：她认为孩子很不懂事，自己一切都是为了孩子好，什么都可以给孩子，结果孩子还拿家里的东西出去换垃圾食品，实在太气人了！对方说自己想尽了办法都没有用，让我给她一个方法。找我似乎只是想让我提供一个方法将孩子拿下，或者给孩子上个"紧箍咒"，而不是去解决事情的根源，了解事情发生的本质。

我告诉这位家长，我没有什么"紧箍咒"，也给不了她能让孩子听话的方法，在我看来孩子没有错，在和家长沟通无效后会想办法解决自己的需求。要改变的是家长对待孩子的态度，如果作为家长真的想改变和孩子的关系，先要看看是什么引起孩子这种行为。

后面通过和这位家长的交流和沟通，她看到了这件事的本质是她对孩子的"限制"和"不允许"，造成了孩子拿家里的东西去换自己想要的东西，因为自己想要的都是家长不允许的，孩子和家长沟通无果，就想出了这个权衡之策。在孩子眼里这些东西和价格无关，只和自己"想要"有关，在得不到满足时，就会自己想办法，这也是孩子未被满足的一种能量驱使。

然后我问这位家长，她儿时的记忆中，父母是否也常常限制自己的需求？她回想自己童年中的经历确实如此，自己也和现在的儿子一样，不被允许并处处受限。记得一次有人送点心给他们家，她特别想吃，家长不让，她就偷吃了半块，结果被家人打。说到这里她忽然很心酸，发现自己正在走着父母的老路，让自己的儿子遭受和自己同样的经历，只是孩子换了种方式，但根源和本质都是被家长限制。

让我们再换个角度去看孩子面对物质上无感，需要被理解、被接纳、被同理的状态。当孩子在我们面前表现出脆弱和无力时，其实也是在帮助家长看到，我们现在有着同样的问题，只是自己没有意识到而已。我们通过孩子能更好地看见自己，因为我们和孩子之间是彼此照见的关系，我们把自己家庭的底色填进了孩子的生命，从孩子的身上我们可以看到自己的需求，当我们对孩子的行为不满时，大部分的时候是投射了对自己的不满和无力，只是宣泄到了孩子的身上。你对孩子的某个行为不满，其实是你需要与自己和解的部分，是你自己不接纳的自己的状态，你能看到孩子身上有的，是因为你身上有。

记得有这么一句话：每件促使我们注意到他人的事，都能使我们更好地理解自己。

我们假设一个场景：当你看到一个人在买菜并和小商贩讨价还价，你可能会说："这个人好斤斤计较，买个菜都要讨价还价，太小气了。"你也可能会说："这个人好会勤俭持家，很了解菜市行情，不会被骗。"为什么同样一个客观的场景能引发不同的声音？

我们实际并不知道买菜者真正的心理状态，作为旁观者，我们只是对这个现象进行了自我解读，解读的内容是由我们内心投射了自己的看见或自己平常的行为模式，进行了自我加工的解读之后又当成了事实。所以你在他人身上看到的、引起你注意是自己的潜意识行为，并非你看到的那个人身上的行为。只是我们不愿意面对自己身上的不满，只愿意承认这个行为是别人的。

一次，一位爸爸来找我，说孩子现在对什么都不感兴趣，大部分的时间就是躺着刷手机，说孩子抑郁了。他讲什么道理孩子都清楚，但怎么说都没有用，说孩子自己也表示想改变，但提出了许多计划，要执行的时候就不做了，说是累。弄得这位家长看到孩子就像看到螃蟹一样无处下手。

我听完他的描述后想到，这位家长不久之前和我说过几乎相同的话，只是那个时候他口中的主角是自己。他当时说，自己也是对什么都不感兴趣，觉得活着没有意义。

这位朋友离婚，孩子跟女方，由于女方的限制，他很少能见到孩子，他感觉孩子和他的距离越来越远了。直到有一次，孩子直接把他赶出门，让他以后不要再来，他感觉要崩溃了，从此便对一切都失去了兴趣，包括自己的生命。他也努力寻求自救的方法，报了许多学习班，但这些计划都无果，因为他没有了执行的动力。

当我向他指出两者的相同之处时，他惊住了。他竟然没有发现，自己口中描述的孩子和我口中描述的他基本一致，他明白了，问题还是出在自己身上。

我和他交流了一些跟孩子沟通交流的方法，让他下次遇到同样问题时按我说的方式跟孩子交流，并告诉他，任何时候都要能够学会理解离异对孩子造成的苦衷和难处，这个状态中的孩子不知道自己要如何站队，这让孩子内心很痛苦，一边是抚养自己的妈妈，一边是自己深爱的爸爸，忽然间某一天，原本一体的家庭被切成两半，一切都不再一样了，孩子还反应不过来大人的世界发生了什么，父亲的形象就一下变了妈妈嘴里另外的样子（一个家庭的分割，离异的双方通常不会认为错误方是自己，所以很自然地把离婚的所有错误指向另一方，但这和孩子心中的父母是有很大差距的），哪个是真实的，哪个是虚假的父母形象？这会让孩子陷入茫然之中。

"爸爸另外的样子"是妈妈口中说出的形象，孩子内心想认同，但同时这又是自己曾经认识的那个深爱自己的父亲，这两个形象很难融合到一个人身上，所以孩子心里会又难受又不愿接受，就会在自己身体里形成恨，甚至有些孩子会认为这一切都是自己造成的。

现在离婚率越来越高，出现了太多的单亲家庭，在这样的家庭中，孩子的成长成了一大难题。孩子的一半来自父亲，一半来自母亲，否认父母的任何一方都会让孩子陷入不认可自己的状态之中。所以在我们成人世界感情不和的时候，选择分开的同时也要看看如何帮孩子来面对，毕竟孩子和父母是心连心的，孩子通过父母寻求归属感，当这个归属感分裂了，对于孩子来说，就好像是高空表演把保护网撤掉，会产生恐慌。

马斯洛①的需求理论告诉我们，当人的生理需求得到满足，也就是吃饱穿暖之后，心里最大的渴望就会变成爱与归属感。孩子通过认同父母、和父母做相同的事情来确立自己的归属感。

如果父母因婚姻的破裂而分开，妈妈又总说父亲的坏话，而父亲

_____

① 亚伯拉罕·马斯洛：美国心理学家，第三代心理学开创者。

也总说妈妈的坏话，孩子的内心就会被撕裂，当收到的都是否定内容时，孩子对自我的厌恶、嫌弃、自卑、自恨就会长期在身体中沉淀发酵，直至影响他的一生。

如果妈妈不断地说爸爸的坏话，那么孩子会因为内心归属感的原因，潜意识地去做与爸爸相同的事情来达到内心的平衡。这就是为什么当你不断说孩子父亲不好的时候，你就会在孩子身上更多地看到不想看到的，或者说是孩子父亲的影子。对于男性也一样，如果你在孩子面前说妈妈的坏话，孩子也同样会在内心靠近妈妈，并做出与妈妈相同的行为，这就是为什么当你气急了会说："你看！都是你爸遗传的！""都是你妈把你教坏了！"

离异的双方只是图一时嘴快或者泄愤就说另一半坏话的时候，请先想想你在给孩子传递什么样的信息？会给孩子带来什么样的影响和后果？你希望孩子之后的婚姻家庭幸福吗？

离婚虽然代表两个人法律上的分隔，但如果爱恨那么容易分离，原生家庭也就不会成为问题了。孩子在这样的家庭会拥有什么样的底色，取决于我们做家长的态度。

对于刚才那位家长的情况，没有动力的原因是那些都不是他内心想要的，报学习班只是为了逃避现状，去执行的时候反而在提醒他自己的痛苦，所以无法执行下去。他需要找到内心真正喜爱的和真正想做的事情才有可能执行下去，而不是报几个学习班把时间填满，以为这样就可以让自己逃离痛苦。

他按我说的方式和孩子改善了关系，孩子改变了对他的看法，并同意和他住在一起，这让他非常开心。而当他接孩子到他的住处后，看到孩子的现状又不知道要怎么办，又像找我要急救包一样来拿答案。

我让他先看看孩子和他之间的状态是否有一致性，让他明白孩子的表现其实是他内在的反应，他通过孩子看到了自己的现状。孩子对他现在的家庭状况是陌生的，在没有其他选择的情况下，孩子只能选择平时熟悉的方式面对空白的时间，比如刷手机。然而面对环境和行为上的空白，家长没有解决办法的时候，孩子内心也是无力的。我让这位父亲先主动调整自己的状态，再来影响孩子。

这位父亲听了我的话，小心翼翼并很努力地做了一些尝试，并时常发信息告诉我自己的些许成效。他感觉很神奇：当自己改变了，孩子真的会改变，他因此受到了极大的鼓舞，更多地去寻求方法改变自己，从而影响孩子改变。

通过上面这位家长的例子，我们可以看到，自己创造的原生家庭也会给孩子带来家庭底色，当底色是灰暗的，我们要努力去改变它，就像这位父亲通过改变自己来影响孩子，努力改写孩子生命的底色。我想这才是真的为了孩子好，要相信："如果你曾作茧自缚，那么你也可以破蛹成蝶。"

对于自己原生家庭中的缺失，我们要自己找回来，我们可以经由自己的原生家庭给自己创造出一条成长之路。对于我们给下一代创造出的原生家庭，我们要有前车之鉴，并学会选择，尽量避免让孩子走自己的老路，不然，我们终将活成自己讨厌的样子。

我也是一位单亲妈妈。记得离婚后，7岁多的羽毛儿有一天忽然对我说："妈咪，我觉得你很伟大。"

当时我很好奇，问孩子这话从何说起。羽毛儿说："因为妈妈从来不说爸爸的坏话，还告诉我们要学会爱爸爸。"

从女儿的口中得知，学校里有几个玩伴也是单亲家庭，但那几个孩子都很自卑，对于自己单亲家庭的状态遮遮掩掩，感觉很丢人，很少主动和小朋友们玩。羽毛儿很喜欢交朋友，经过了解她才知道，这几个孩子和她一样是和妈妈一起生活的，但这几个孩子说，在家里妈妈总说爸爸的坏话，而见了爸爸的面，爸爸又总说妈妈的坏话，让他们感觉自己是不被喜欢的人。因此，他们不想让别人知道他们是离异家庭的孩子，是被讨厌的人。

羽毛儿听了，很为这几个小朋友难过，同时也感受到自己并没有这些孩子的困惑和苦恼，因为妈妈从来没有说过爸爸的坏话。

记得离婚时，我很认真地和孩子做了交流，我对羽毛儿说：

"爸爸和妈妈要分开来生活了，这是因为我们之间的感情破裂了，但这并不等于爸爸和妈妈不爱你们。你们身体里流的血一半是妈妈的，一半是爸爸的，你们获得的是全部的爱。只是爸爸、妈妈换了一种相处的方式而已，这并不影响我们都爱你们。虽然妈妈不能给你一个完整的家，但妈妈可以给你完整的爱。"

我相信那个时候，虽然女儿只有 6 岁，但因为我尊重她是家里的一员，她能明白我所说的。所以我们离婚的事情并没有在孩子心里形成阴影，她依然觉得自己是拥有爱的孩子，是被喜欢、被疼爱的，妈妈依然是她的保护神，所以她认为自己的幸福指数比任何一个小朋友都高，她一点不觉得单亲家庭的孩子有什么不好，反而感觉现在很幸福。

每个离婚家庭各有各的原因，也没有什么好坏对错，我们可以选择对于我们更合适的生活方式，但同时也要考虑孩子的感受。

我想，因为我从来没有说过对方的坏话，也没有阻止孩子和对方见面，所以孩子才更接纳自己，才能感受到快活和自由。

有的单亲家长对我说，自己离异后和对方还好，因为毕竟有感情，彼此也很少说对方的坏话，可彼此的父母总是在孩子面前说对方的坏话，对方表示很苦恼。

这种情况下，我们一方面要理解父母，一方面要自己想办法解决。每位父母都不想看自己的孩子受苦。尤其在上一代人的眼里，离婚是丢人、是不被接纳的事情，会让别人感觉是不是自己的孩子不够好才走到了这一步，再者就是不希望自己的孩子在离婚中承受过多的自责和痛苦，在这样复杂的情绪下，老一辈会参与到子女离婚的一些纠纷和话题中。

离婚是我们自己的事情，产生的副作用需要我们自己去承担。我们同样需要为孩子着想，如果我们希望孩子以后的婚姻幸福，就不要在自己离婚的时候给孩子埋下不好的因。

在父母的问题上，我们可以根据每个家庭的实际情况和自己的父母沟通，或者通过一些方式来和孩子进行交流。我相信老一辈也不会希望自己的孙子、孙女未来的家庭不幸福，任何问题都可以用"向上扩展""向下根因"的方式找到解决之道，不能让孩子带着恨看待自己的父母。当孩子和父母连接的渴望被允许了，孩子就不会压抑自己。

记得荣格说过这么一句话："你只有穿越了黑暗，才能拥抱明天的阳光。"感恩生命中给你的所有经历和考验，会让你越活越向自己靠近，越来越清晰自己的人生方向。

也许生命会把你抛向一个野蛮之地，但你依然知道自己可以迎接每天升起的太阳。

作为人格独立的我们，不管父母、孩子还是曾经的另一半把他们的颜色抛过来时，我们都应该学会拿起自己的画笔，重新调色，描绘自己的美景，改写我们家庭的底色。

思考：

1. 你的家庭底色是什么？

2. 如果孩子和你是传承的关系，你想通过自己传递什么样的品质给孩子？

3. 你会选择成为一个什么样的传承者？为此你会做哪些努力？

4. 你从父母辈接受到的优秀品质有哪些？哪些是你可以传承下去的？怎么做？

5. 在孩子的生命中，你能现在支持孩子的是什么？

6. 如果你是单亲家庭或伪单亲家庭，你能给孩子带来什么样的力量和支持？你拥有哪些没有被你看到的资源？

7. 你期待并值得拥有怎样的家庭状态？

8. 如果为这个目标家庭做些什么的话，你此刻想到的是什么？

9. 如何开始？你的第一步计划是什么？

打造共生型生态家庭

　　在了解了原生家庭，认识到抱怨指责的方式并不能改变家庭状态，也不能让我们更幸福快乐，只能让家庭走向最终的分离或者隔离状态之后，我们就要寻求改变之路。否则选择离婚的家庭会越来越多，越来越多的孩子长大了会选择单身，不愿意再结婚生子。

　　据统计，受多方影响，我国适龄人口生育意愿偏低，总和生育率已跌破警戒线，低生育率将会自我强化，掉入"低生育率陷阱"中。

　　目前，中国总和生育率远远低于世代更替水平。日本、韩国早已掉入"低生育率陷阱"。这一趋势在两个国家已经存在 20 年至 30 年之久，无论如何提振，人口生育都难以回到正常水平。2019 年，中国人口出生率仅为 10.48％，出生人口仅为 1 465 万人，创下了近 40 年来的新低。

　　再来看看另一组数据：我国结婚率已经连续 6 年走低。2019 年全国婚姻登记机关共办理结婚登记 947.1 万对，首次跌破 1 000 万对，相比 2013 年的 1 346.9 万对，整整少了 1/4。

与此同时，离婚率则连续 17 年上涨。从 2002 年的 0.9％上升到 2019 年的 3.4％。

离婚率的提升会使单亲家庭增加，也会造成更多的孩子无辜受伤。即使现在一些家庭并没有离婚，却形成了隐形离婚、隐形单亲的状态。孩子从小感受不到父母之间的感情，而且离婚后，更多听到的是彼此拆台、说对方的坏话、让婚姻走向灭亡的都是对方的错等等，这在孩子在幼小的心灵中种下了婚姻不可靠、对婚姻恐惧的种子，等长大了，就不愿意迈进婚姻的殿堂。

有些得到孩子抚养权的一方，还会限制对方来看孩子，或者和孩子说许多对方的坏话，来破坏孩子和另一方的关系，让孩子对亲情关系产生了阴影。即使安排见面，也会当着孩子的面说爸爸（或妈妈）的坏话，让孩子在见对方时唯唯诺诺，不知道是要高兴还是要难过，情绪复杂，想表示亲昵又不敢，怕自己的任何表现都会让父亲或母亲不开心。要知道，孩子和父母双方都是血浓于水的情感，在父母感情决裂的时候，如果双方都和孩子讲对方的坏话，会让孩子陷入到两难的状态之中，父母在孩子内心完美的形象也会因此毁灭。在这个过程中，孩子会很快学会讨好、逃避、自恨、内疚等情绪，并压抑自己的情绪无法释放，很容易形成内在的心理问题，比如自闭或抑郁等。在这样环境下长大的孩子自然更没有结婚意愿，使得结婚率越来越低。在对人的感情和陪伴失去信心之后，人们多会移情到其他事物上，现在越来越多的年轻人开始选择养宠物来解决陪伴的需求，也不愿进入一段婚姻或者感情。

离婚后的人们以为换个主角就可以获得幸福，真的是这样吗？记得前段时间网上发过一个话题："你能接受二婚男人吗？"在网友的回答中看到，有自以为自己会是婚恋市场的"香饽饽"的，但实际上没有牵手成功。离婚之后人们的心态也会有所改变，男人更多是为了生活的继续，择偶的标准也不再是从爱的角度出发，而是类似于找"全职保姆"，看是否能给自己养老送终；女性经济独立的基本上更愿意选择自己独自生活，不愿意再进入婚姻。所以离异之后男性的再婚率比女性高，还有数据显示，再婚者的离婚率依然很高。

在恋爱之初，我们都怀着美好的愿望，希望能找到今生携手到老的伴侣。就好像我们儿时读的童话故事，王子和公主最终步入了幸福殿堂。

这让我想起了一个故事：一个完美的男人想找一个完美的女人，终于他历尽千辛万苦找到了那个他认为理想的完美女人，但女人觉得他不是自己理想的完美男人。

在最初恋爱的关系中，我们总是看到对方的闪光点，并投射了自己的期待和情感，放大了对方的优点。而等到进入婚姻后，一切的投射和期待恢复了正常值，光点背后的黑暗面就逐渐增大，直到吞噬了所有的光芒。

看到过这么一段话来说明现在的婚姻状态：即使你找到了自己觉得不错的伴侣，但也会有 100 次的暴怒、70 次觉得自己瞎了眼、50 次想掐对方的脖子、无数次想离婚。也许你一次次想创造完美的爱，但结果总那么不令自己满意。

在婚姻的过程中，我们往往带着自己的期待和讨好型人格在与对方博弈，在寻找公平，期待在家庭中形成控制权，来疗愈自己在原生家庭中所形成的伤口。当对方无法满足自己的期待时，就会因期待落空而产生失落感，并会因此猜测对方对你感情的真挚程度，在这样的情感落差中会产生抱怨情绪，久而久之，又不去与对方沟通、表达自己真实的内心感受，化解彼此心中因猜测产生的误会，就会对婚姻绝望，最终选择离异。

在婚姻关系或者亲密关系中，如果你总对对方有所期待，你会发现自己的期待不断增加。这种情况在亲子关系中也会经常发生。

离婚的朋友中大多会有的一个现象，那就是再次寻找的伴侣总会和之前的伴侣有一些共性，仿佛有摆脱不掉的魔咒，不清楚为什么自己总会吸引同类型的人来到身边，好像自己越讨厌什么，就越吸引什么，使得自己原本以为换个主角就可以换场幸福婚姻的美梦在进入下一段感情之后再次破灭，对于继续寻找伴侣上失去了信心，陷入了迷茫。

其实感情在某种意义上来说是"伤口的吸引"，你内心匮乏什么、想要什么，就会吸引什么。每个人身上都有一个"小雷达"，能够准确地寻找自己需要用伤口吸引到的那个人。如果能在感情生活中看到自己的伤口，并在关系中疗愈，那么你就能守住这段婚姻，并成就自己的幸福。如果不去面对自己的伤口，你将永远吸引更大的让你看见伤口的状态。不是换个主角就换来了幸福生活，换个对象可能会陷入更深的茫然。

记得曾经有个女孩来找我，说当她知道父母原来一直向她隐瞒离婚的状态，让她感觉自己仿佛生活在一个假象中。父母算是伪装得好的，十多年都没有让她发现，但当假象被揭开，她开始怀疑一切，连父母都可以骗她这么久，她还能相信谁。她害怕谈感情，每日都让自己沉浸在忙碌的工作中，借此转移注意力，让自己不去想感情的事情。她也无法原谅父母对自己的欺骗，这种欺骗不仅仅是情感上的，还让她认为是因为自己，才让父母的感情破裂，因而无法去寻找自己的幸福，而为了守住一个看似为她好的秘密，这让她感觉受伤的同时又很内疚，觉得都是自己的原因造成了父母婚姻的、人生的不幸。

再婚已经很普遍了，三婚的也越来越多，和这些朋友聊过之后，发现他们依然没有找到想要的幸福。每次的婚姻都觉得是对方的问题，想着换个人就可以了，结果换了之后，生活一样没有任何好转，好像无论跟哪个人生活，都有自己无法接受或者容忍的问题，最后面对婚姻还是想逃离的状态，或者干脆换种方式麻痹自己。

所以，选择离婚并不是最佳的解决之道，毕竟大部分人的第一次婚姻还是因为爱走到一起的，还会有爱的结晶。再婚的目的反而没有那么纯粹，当然也不排除有些人真的是从第一次婚姻中解脱后，才找到真正的幸福，但这毕竟是少数。家庭中主要矛盾大多是因为生活中的一些期待落空，彼此交流不畅，猜测多于沟通，还有就是年轻时不够成熟，在彼此进入权力斗争期时都不愿意退让，虽然控制的方式不同，而且大多来自潜意识，使得进入生活的伴侣宁可争对错，也不选择退让成全幸福感。

如果能有成长型的心态，真正愿意从进入彼此内心深处去陪伴对方，放下对与错的争执，学会成熟面对自己和婚姻的关系，并重新定义家庭、形成共生型家庭，我想，离婚率就会降低，并让在婚姻状态中的家庭更加幸福。最重要的是，给我们的孩子一个幸福的榜样，让他们不会对婚姻恐惧，为将来能步入自己的幸福家庭奠定一个良好的基础。

"共生"这个概念最初是生物界提出的，最后衍生到了我们生活的理论中。对于生命体而言，如果不会合作，其生存、繁衍和进化的能力会是非常有限的。合作的基本表现形态是共生。共生，是互利的状态，是对共有资源的协同使用，一起生出新的价值。共生，是缺此失彼都不能生存的一种合作关系。

共生在自然界是司空见惯的一种现象，也是在自然界"物竞天择，适者生存"的法则下，生命界的天然创造。

动画片《海底总动员》中可爱的小丑鱼居住在海葵屋中，海葵借由小丑鱼的存在免于寄生虫的袭击，而海葵长有刺的触手也使小丑鱼免于被掠食，小丑鱼本身会分泌一种黏液覆盖身体表面，保护自己不被海葵伤害。

生命之间更多的是一种间接的、隐性的关联状态，人类的生存状态也存在着直接和间接的共生关系。

在人类的生活中，共生并不代表解除了一切的矛盾，而是通过建设性，形成共存的关系。有诚意才会有共生，共生的基础是彼此信任，共生的状态是彼此相连、彼此赋能、彼此促进，并让彼此很清晰地感受到对方的支持，因为有对方的存在，自己才会更好，这就是共生家庭的模样。

记得有句话是这么说的："爱，不是和一个完美的人相爱，而是爱了之后才逐渐完美。"我想，真正的爱，是我在你面前活出最好的样子，你在我眼中看到最好的样子。

当家成为更有爱的地方，每个孩子才能茁壮成长，每位老人才能安享晚年，每对夫妻才能获得滋养和成长。

世界上没有一个生命是独立存在的，人类也一样。从我们的祖先起，就是群居生活。生命体本质就是一个系统，我们每个人都是这个社会的一个网点，占据着一个独一无二的位置，是连接着我们家庭、工作的枢纽，在这样的网点之间，促成了人与人之间的共生网络，这个网络通过分享、共赢来实现彼此的价值。

每个人都希望自己是一个有价值的人，是一个价值的创造者，我们通过网络中的传递分享交换价值，来成就共生家庭、共生网络。从这个角度来看，每个人经营好自己、管理好自己，就是在经营好家庭、经营好共生系统。

哲学家柏拉图说过："如果不幸福、不快乐，那就放手吧。人生最遗憾的，莫过于轻易地放弃了不该放弃的，固执地坚持了不该坚持的。"

如果感受不到家庭的幸福和快乐，那么就让我们放弃曾经的坚持和方式，换种新的途径和角度去开启家庭幸福吧。

首先从自己出发，先不去看家庭其他成员的问题，也不去看对方对你的影响，先把自己的方向转回到内心，去经营自己、去认知自己，当重新认识自己之后，再重新定义家的概念，你会找回属于你的幸福生活。

这条路也许不是你熟悉的道路，也许走着走着你会茫然不知所措，也许会感觉漫长没有尽头。但要相信，当你踏上这条路时，幸福就开始回归到你的脚下，当你看到一个个幸福的体验真切地来到你身边时，你会感受到你这么做是值得的。

看过这么一段话："破碎的婚姻里没有无辜者，无论你强势或者弱势，你付出或者索取，只要有一颗索爱的心，无论以怎样的姿态，都不是真爱，真实的婚姻不完美，却不会迷失自己，真实的婚姻不索爱，却有着真正的爱。"

要想踏上这条幸福之路，就要从重新认识自己开始。虽然不少人学了许多成长的理念和概念，但依然无法改变现在家庭的状态，其实是在"穿着新鞋走老路"。要让自己聚焦于未来的结果，而不是了解许多道理然后在改变他人身上下功夫。当你开始走在"新路"上，你就是在为自己打开一个更大的画卷，拉开未来的美好图景，在创造未来新奇的美景时，你的专注力也会变得不同。

之后的章节中会逐一把我们的视线从过去拉向现在的创造和未来的图景中，让我们一起来共创一个个更好的生态家庭环境，在创造的过程中，你会看到"原生家庭"这个概念不攻自破，你将收获更幸福的人生和更美好的未来。

思考：

    1. 你现在的家庭有哪些问题和困惑？

    2. 你认为你在这个家庭中承担了一个什么样的角色？

    3. 如果想改变的话，你最想发生什么样的变化？

    4. 如果这个变化发生了，你会是什么样子？

    5. 你认为从哪里入手可以开始改变？怎么做？

    6. 如果有相关方会是哪些人？

    7. 你会如何做来获得他们的支持？

重修你的人生剧本

一、 是谁导演这场戏

我是个电影迷，总喜欢穿梭在电影院里感受不同的人生。看电影时仿佛身临其境，跟着电影中的情节宣泄着自己的情绪，看着影片中主角跌宕起伏的人生悲喜，感同身受，仿佛自己也跟着经历了一番。每次看完电影，我都需要花时间让自己从电影中抽离出来。仿佛只有这样，才能让我回归到现实世界中，这种感觉很奇妙，让你有从不同时空穿越回来的感觉。

行走在路上，感觉到自己又慢慢和这个世界融合在一起。每当这时我就会想，每个人的人生是否也可以看成是一部电影呢？我们是电影中的主角，根据灵魂的导演，出演着自己的悲欢离合。

古话说："人不为己天诛地灭。"许多人误解了这句话的意思，其实"为"是修养、修为的意思，是说人要修为自己，否则就天理不容。那么，我们如何感知自己有没有在修为的路上？在这个过程中如果方向错了，谁来提醒我们？

在这样的问题中，我反思自己的人生，仿佛每次都是在人生有痛的时候，才明白要换种方式去看自己、去改变自己的人生状态、去调整自己的人生方向。

我开始思索生命经历带给我们什么样的启发与思考。人生的每一个机缘似乎都是个"偶然"，但又好像是"必然"，我们就在"偶然"和"必然"的推动下，走到了现在的模样，上演着自己的人生剧本。

在我看来，人生剧本给我们三层次的启发：

第一层次：无知到有知。

都说初生牛犊不怕虎，我们以懵懂孩童的状态来到人世间，对宇宙万物缺乏敬畏心，把"自我"放得很大，步入社会会有不少"踩坑"时刻，之后我们才开始明白，这个世界除了"自我"，还有其他。

第二个层次：有知到感知。

进入这个层次人们会更多向内探寻，感知发生在我们身上的各种感受，从感受中去挖掘蕴藏的线索，来更多地了解和认识自己，聆听内在的声音，从中收获人生的感悟。

第三个层次：感知到觉知。

当你开始探寻自我，把生命中遇到的每件事、每个人都看成让自己更完整时，你会发现，同样的路你能走出不同的生命状态。

列夫·托尔斯泰曾写过："幸福的人都是相似的，不幸的人各有各的不幸。"当你定义了自己是什么样的角色，你会发现，同样的事情将变换着包装来到你的生命中。

我们常常深陷自己安排的角色无法自拔，并没有想过自己是个观影人。在生命的电影里，我们很少出离的勇气。

二、 重修你的人生电影

你可能从来没有意识，你所有的生命状态，都和自己的导演有关。

既然我们可以导演自己的人生电影，那么我们是否也可以对其进行修改？答案是肯定的。

可能你会说，我的前半生都已经过去了，我无法改变曾经的那些伤痛，也无法改变原生家庭的状态，无法改变曾经的经历，我就是经历了那么多的苦，我的父母、兄弟姐妹、孩子都是既定的事实，我如何能修改人生电影？

其实我想说，每个人对童年的记忆都是自己想记住的模样，并不是发生的全部。长大后的我们用自己的思维串起了曾经的经历，让自己现在的状态显得更为合理和有价值。

可能你并没有意识到，你对自己的误解来自于思维的解读。

误解是怎么产生的？是因为我们的解读出了问题。

解读来自于哪里？来自于我们的固有认知。

固有认知又来自于哪里？来自于我们从小的人生经历。

我们用曾经的信念解读了自己的经历，这些经历又组成了我们的偏见，偏见又构架了我们的固有认知，固有认知又形成了我们解读的习惯。

我们可以通过想象和重新解读，来改写我们曾经的电影故事，从而改变现在的生命状态。

对待童年的记忆也是如此。我们会因为儿时对某种感受的牵绊，继而搜索支持这种感受成立的证据，来让自己童年的不幸看起来顺理成章，而忽略了那些不能支持这种感受的童年记忆。

你是否问过自己，曾经的记忆真实吗？记忆是因为你认同了什么伤痛而整理出来的，还是真实存在的？在记忆中，有多少是虚假的？有多少是真实的？你分得清楚吗？

只要重新组合、解读你的记忆，你就会从中有所收获。

主动修改你的人生剧本，不要被动承受人生剧本的延续，这是我们可以主动改变命运的方式，也是我们可以改变家庭关系的方法。

再好的方法也不可能一次到位，重新植入一个新的潜意识需要反复练习。每个人的生命故事不同，对待生命中的执念也不同，多试几次，放下曾经的故事，重新组合新的故事并不是不可能的事情。当你开始做了，你会收获一个全新的自己，全新的人生状态。

思考：

1. 你是如何看待自己现在的人生的？

2. 你想拥有怎样一个与众不同的人生？

3. 如果人生是剧本，你扮演的是什么样的角色？

4. 如果你能改写自己的过往经历，你希望是什么样的？

5. 如果按你希望的样子呈现，你会有什么感受？

6. 如果重新定义你的人生，你将会做哪些努力？

7. 你有多久没有拥抱过你的父母了？是什么阻碍了你？

思维陷阱

量子物理学家戴维·玻姆曾经说过："世界上所有的问题都是思维问题。"很多人以为自己在思考，其实不过是在重新排列组合他们先入为主的偏见而已。

可能你会说："我说话很谨慎，总是三思而后行。"不知你是否想过，这只是重组了你的偏见得出的结论，依然是一意孤行的结果，并不是真正意义上的三思而后行。

只要你陷在自己的思维中，就不会去真正聆听他人的观点。

聆听的本质是对方要说的重要信息、想表达的内容与你开启心灵的同在，并不是你的评判和建议。

如果你的爱人正在向你诉说自己内心的某种感受，你不能"同在"地感受对方内心的渴望，你就会机械地用自己头脑中的思维和对方说话："你说的我都明白，我太了解你了！这件事就是你不对，你应该这样做，下次记住就好了。"

你可能会纳闷，你说的每句话都是为对方着想，都有客观事实和依据，为什么对方却一点不领情？那是你没有放下自己的思维去感知对方内心的渴望。

自己的思维会阻碍你去感知感受、能量的存在，阻碍你找寻自己的力量。只有当感知与思维之间的缝隙变大，你才能感受到身为人的存在，也就会更有意识地去做自己。

放下你的思维，仅仅去聆听，你会听到心与心的交流。聆听对方说话时，不仅仅要打开你的耳朵、用你的大脑去接收信息，还要用整个身体，最重要的是打开你的心去聆听。

在交流中，放下头脑中的思维，保持"同在"，敞开你的内心，把他人的观点当成自己的未知，即使自己曾经听了无数遍，也要放下自己的评判和偏见，不要用重组偏见的方式去定义他人所说的话，把每次对话都当成是一次崭新的对话。

学会利用好自己的思维，给自己的思维加一个"开关"，在需要的时候才开启，这样你更能感受到生命的美好。

放下思维，重新认识自己，你就开启了改变之路、能获得重生的力量。

思考：

1. 你是如何理解"重组偏见"与"深度思考"的？

2. 在过往的经历中，你的哪些思维是"重组偏见"？哪些思维又是

"深度思考"？

3. 你如何确认自己做了"深度思考"？

4. 你如何认出自己正在"重组偏见"？

5. 你是如何"聆听"的？

6. 回到你的内心，安静地听，你听到了什么？

7. 在与人对话中，你渴望听到的是什么？

8. 你如何确认自己听到的是对方想表达的？

9. 你是怎么知道自己放下了思维？发生了什么？

认识你自己

一、我是谁

要想不在婚姻中迷失自我，就要学会醒着生活，并重新认识自己。

2020年，广为流传的"进小区灵魂拷问人生三大哲理题"是："你是谁？你从哪里来？你要到哪里去？"这让我们不得不停下来思考如何能证明自己是谁？那么就让我们从"我是谁"来思考吧。

细想下来，回答"自己是谁"并不是件容易的事情。你是身份证名字下的那个你吗？你是这身皮囊下的你吗？你是注册的网络 ID 那个被贴标签的你吗？仿佛是又不是。

让我们来真正看看自己，如果说我们就是每日大家呼唤的名字下的这个自己，打开电脑搜一下会发现和你重名的人还真不少。另外，名字不喜欢还可以更换，改名已经司空见惯，我们常用的微信名也会偶尔更新，再或者因工作需要，起个英文名，等等。那么我们在日常交流中，大家记住的是微信上、工作中的名字，名字对我们来说仅是一个代号和称呼，并不能证明这个名字下的那个人就是独一无二的你。

那这身皮囊下的那个人是你吗？有数据显示，每天我们身体中的细胞都在大量的更新中，细胞基本上每7至8年就全部更新一次。再者，现在整容术了得，纯天然的模样可能在孩子中还能看到，在生活中能看到多少，确实已经不好说了。

记得一次和一个女性朋友聊天，她很兴奋地说她整容了，我看着她的脸，虽然能感觉到有些变化，但也说不出来具体哪个部位不同了，我就问她都做了什么，她告诉我说："你看到的90％以上的地方都做了，而且包括身体。"我听得目瞪口呆，头一次感觉和她有距离感，好像忽然不认识她了。但我意识里还是知道，虽然她改变了模样，但思想还是原来的那个她。听美容院的朋友讲，有些人通过整容完全换了个模样重新生活。虽然面貌完全不同了，内核应该并没有改变，所以这个可以变化的皮囊好像也不能证明你是谁。

我们再来看看网络ID下的那个你。每个人对于电脑或者手机来说，就是一个ID，当你端坐电脑前或拿起手机时，每点开一个网络链接或自己感兴趣的视频，数据就开始在分析你了。在每个点击的动作背后都有大约两万个以上的标签来识别你，网络时刻捕捉着你感兴趣的网页、购买习惯、阅读习惯、性格特征、家庭状况等，所以你会发现，当你打开网页或者视频时，电脑就像懂你一般，把你喜欢的视频、饮食、服装、阅读的内容统统送到你的眼前。但电脑数据识别的这个你，真的是你吗？好像也不尽然。

从以上几个方面来看，要说清楚自己是谁看起来并不是一件容易的事。我们对自己有太多的未知，对习以为常的习惯也有太多的无法解释。

"我是谁"显然对我们来说很重要，清晰了对自己的认知，我们才能更了解自己，才能更清楚遇到一些事情要如何反应，如何利用时间完善自己。

那么，当你愿意开始了解自己，你就踏上了自我探索的成长之旅。在旅行中，你要准备好更多的对自我的学习和觉察，甚至有些旅途可能是你人生中的冒险。在旅途中你会遇到自己的许多面：有顺从的自己、叛逆的自己、讨好的自己、不守规则的自己、严苛的自己、像父母的自己、不认可的自己、像孩子的自己等，也许你从未真正去了解过他们，但他们一直就在你的体内陪伴你长大，从未离开。这些不同的人格层面也是我们未知的一部分，要想和真实、全面的自己相遇，我们可以把和自己相遇的旅程想象成穿越众多人格森林的旅程。

要想准备好这趟旅途，就要给自己一些时间，并且调整好自己的心情。

然而，当我们面临一个挑战或是一场陌生的旅途时，伴随而来的往往是恐惧、怀疑和焦虑。这就是我们身体里另外的声音给我们设置的障碍，我们可以把这个声音称为"人格的声音"。为什么人格的声音会抗拒我们去探索？因为人格是你从小的经历中形成并伴随你成长起来的声音，这个声音曾经在你儿时受伤时保护过你，所以它就想沿用曾经保护过你的方式继续保护你。它怕你再受到同样的伤害，久而久之就在你身体中形成了保护机制。只是人格并没有看到已经长大了的你，没有看到你的力量已经和孩童时期完全不同，用当时的方式保护你已经成为你成长中的阻碍。所以，当你在重新认识自己的同时，要学会认识我们身体中的这些"人格层面"，有时，它们会冒充你的领导，指挥着你的行为，让你以为是自己做的决定，实际上却是人格帮你做的决定。

"人格"部分常用否定的方式来面对你所面临的决定，为了方便否定，就给我们设定了诸多的短处，这些短处就成了你不做某事的正当理由和借口。它可以骗过我们的大脑，让我们以为自己真的不行。我们过多依赖于人格的声音做决定，真正的自己被锁在了深处，很难被察觉，自己内在的声音也很难被听到。就好比一栋别墅，管家把主人锁到了地下室，自己冒充主人入住，行使着主人的权利。

要想改变人格对我们的干扰，就要看到我们的人格，并带领人格看到自己已经长大，已经是一个有力量的人，不需要用儿时的保护方式来保护自己，并邀请人格协同自己进入更广阔的世界，用支持自己的方式来取代当初的保护，通过这样的方式来慢慢放下人格的声音，让自己的成长之路，得到更多的支持。

被誉为"自我疗愈界的第一夫人"的露易丝·海所撰写的《镜子练习》，就是为了让我们更清楚地看到自己的人格层面，并和自己的"内在小孩"对话，在这个过程中进行自我疗愈，重新定义和认识自己。认清身体中的不同面向，——把这些面向统一和谐，把这些人格的声音形成自我统一的合力，才能真正组成对自己的认知。

二、认识自己

人与人最终 PK 的是认知上的差距，人在自我认知的过程中需要终身学习，才能慢慢与真正的自己更接近。如果儿时父母引导得不好，成年后自己又对认知不进行提升和完善，那么，我们对自我认知就会有很大的偏差。当我们的自我认知和他人对我们的认知出现较大差距时，我们就会用防御的状态来面对这个世界，从而限制了自己的行为与思维。

唐纳德·梅尔泽曾经说过："就其本质而言，一切防御机制，都是我们为逃避痛苦而向自己撒的谎。"

卡尔·荣格说过："当你的潜意识没有进入你的意识的时候，那就是你的命运。"

当我们知道了这些之后，就需要学会主动去觉察自己的潜意识，尽可能多地让潜意识成为显意识，用更多的自我觉察去发现、看见，然后唤醒我们的身体、我们的意识，变被动为主动来改变自己、改变生命状态。与此同时，我们需要感谢原始基因使得人类能走到今天，给了我们自我觉察和反省的机会，同时还要感谢自己，愿意主动改变基因，去探索一个新的时代。

越多的读书、学习、扩展自我的认知领域，越能够和自己靠得更近，越能够真正知道自己内心的需求，从而让自己能更轻松、自如地面对自己的生活状态。

要知道，任何时候你都有选择的权利，这个很重要。不要觉得生活境遇在和自己作对，没有按自己的预期前行，或者总会在你顺利的道路上摆块大石头，难以逾越。人生不可能只有顺境，如果顺境太多，并不利于人的成长。在任何你看似不可能的困境中，其实你都可以做出选择，当然这个选择有可能是保持现状，有可能是做出改变，这都是你的选择。在这样的选择面前，你需要更有勇气，并接纳自己的选择，要知道，每个选择都没有对错，只有此时是否最适合你，如果选择并不如意，你永远都可以继续选择用什么样的方式来看待你面临的事情。

要想认识自己，你需要静默和反省的时间，需要聆听内在的声音，回想你如何与自己度过的一天。我们常把每个明天过成昨天的样子，在这样的反省中你看到了什么？

前段时间热播的《女心理师》里面的案例都很典型。也许你以为你认识自己、了解自己的感觉，其实大多数人并不了解自己的感觉，对自己的认知也是模糊不清的。记得那部片子里，有位男士不懂拒绝，别人让他帮什么忙，他都做，虽然内心很抗拒，但他给自己的回答是："这不是我想做的事情，但我必须要做它。"然后，他就完全违背了自己的内心。

想想你的生活中，是否也有许多不得已去做的事情，是否也有明知自己不想做却感觉不得不去做的事情？如果不做，你会觉得别人会认为你自私、不够好、不够有道德水准等。

我们无法清晰地用自己的力量去引导，是因为我们没有真正认清自己的想法、目标，所以无法做到优先排序。如果你不能清晰地认识自己是谁，你将无法感知到你的能量，也很难按自己的意愿做到真正的优先排序。你的时间、生活、目标有可能都浪费到了内在的消耗上，而非放到了成长上。你会在别人的欲望和期望的洪流中迷失自己，你会遭受到你以为别人带来的打击。

我们习惯于把自己放到虚拟的舞台上，仿佛所有人都在看你的表演，你感觉他人会关注你的一举一动，包括自己穿什么、说什么、做什么；你会放大一切，看别人如何看自己，如何评判自己，甚至会慢慢觉得自己需要对别人怎么看你而负责，如果你感觉到别人的感觉不好，你会认为是你引起的，会开始自责。这也就是为什么孩子总会认为父母关系的不好是自己的责任，父母离婚也是自己造成的。

每个人都需要对自我负责，而并不是首先对他人负责。不要觉得每个人身上发生的事情都是你的责任，尤其是自己的亲人，相信他们有能力为自己的选择负责，你也一样。我们要在关系中分清边界，不去干涉孩子和伴侣的选择，如果你想让对方清晰他们的边界，你首先要清晰自己的边界，要看看自己在关系中有没有越界，自己的思维有没有去控制，自己的行为有没有去干涉，如果你能做到有边界不越界、有想法不控制、有行为不干涉，也做好为自己的行为负百分之百的责任，那么我想，你们都可以做到价值最大化地赋能一个家庭。

希腊古城德尔斐的阿波罗神殿上刻着众多的话语中，流传最广的是这样一句："人啊！认识你自己。"著名哲学家苏格拉底也把"认识你自己"作为自己哲学研究的核心命题。我想，认识自己的核心应该是让自己对自己的认知缩小距离的过程。

三、醒着生活

要想认识自己，让自己更清晰、更有方法地去面对孩子的教育问题和自己的人生，也能让孩子更发自内心地学习寻找自己的人生定位，并能给自己设定目标以及规划自己的人生，让家庭最终走入一个共生家庭的氛围，都需要你"醒着生活"。

看到这句话，可能你会疑惑：除了晚上睡觉，我不都是在醒着生活的状态吗？我想表达的是内心的"醒着"，而不只是身体的醒着。身体醒着，未必等于内心醒着，你有多少时候知道自己在吃什么、想什么？有多少日子，我们只是在不断地重复昨天的行为，并没有深度思考、深度工作，也没有享受生活，所以对于这个"内在的醒着"，你可以理解为唤醒你内在的声音。

记得毕淑敏曾经写过这么一句话："文字在我们的脑海中驻扎，必有一个固定地址，距离它最近的邻居，是这个人的灵魂之塔。"

希尔顿的小说《失去的地平线》曾经轰动一时，想必也是因为大家在这部小说中看到了灵魂的身影。

虽然我们并没有给灵魂下的定义，但我想，灵魂应该就是那个最真实、最纯粹、最智慧的自己，我们只能用心去感受它的存在，它是我们心智的具体展现。

我们会和灵魂有着或多或少的接触，能感受到它偶尔对我们的关照。在独处的时候，我们的心仿佛能和灵魂靠得更近，但当与他人相处时，就会有一些声音悄无声息地出来捣乱，干扰我们和灵魂之间的交流。

这些干扰会带给我们不同的感受，我们可能会感觉受伤、委屈、兴奋、不被接纳等，但其实所有的感受都来自于自己的诠释。我们因为对情况做了自我的诠释而感觉受伤、委屈、兴奋或者不被接纳……这一切都只和自己有关，虽然你以为都是别人对你造成了的影响。

我们有时会说，自己这样做是怕伤害对方，其实潜意识是怕自己受伤，对方未必会因为你的行为受伤。受伤的感受，是你做了假定判断造成的结果。

在夫妻关系中，彼此不愿意放弃怪罪伴侣的心态，是因为如果放弃了指责对方，就是放弃了控制对方的有效方法。只有让对方产生内疚或者悔恨时，怪罪与控制才会有效。这就是为什么在夫妻交流的过程中，彼此更多愿意用指责、抱怨的方式去对待。

另一方有时愿意用讨好或内疚的方式，是因为这种方式同样能产生控制，这个潜在的声音是：我已经为这事做出了让步和妥协，为这事付出了内疚的代价，希望你不要再追究下去了。其实这个声音也是一种反控制，硬控制和软控制在这个过程中成为彼此的工具。

可能你会说，不管是夫妻关系、父母关系还是亲子关系，都无法改变，对方的固执多年如一日，想起来就会有很深的无力感，感觉是在面对一座冰山，自己不过是一根火柴，心有余而力不足，如何改变现状？

但事实上，那是你不愿意放弃控制的自我解释。当你真正想改变现状，能放下控制，对方自然会感受到，也因此会放下防御，并产生涟漪效应。这个过程很微妙，但很有效。

"冰山"是你的假定，是你以为的状态，但你的灵魂拥有的不是一根火柴，而是火山爆发的力量和热能。

有时候，人和人之间欠的只是一句话，但谁也不愿意先说出口。这一句话阻隔了两个人的世界。

我们常常处于"梦游状态"，很少深度觉察自己的行为和内在有着怎样的关联。对于我们每个人来说，没有投射，就没有关系。比如：你以为是你宽宏大量地原谅某人的行为，不知道你想过没有，这种原谅本身就有虚假性。首先你是居高临下的姿态，其次你会在某种意义上先判断对方是错的，才可能被原谅，然后你会把你们的关系关闭在道德层面的模式之中，进行自我闭环。这不是来自灵魂的声音。

如能时常保持和灵魂的交流与沟通，用灵魂的眼去审视自己的一些行为，你会更了解自己，和自己的内在更靠近，也更能活出灵魂品质的状态。

唤醒灵魂与你同在，更能看清自己的行为和结果，是否还是那个最纯粹的初心和本意。

用灵魂的眼来看自己的行为，最好的作用是能看到自己的思维方式和行为模式，能让你醒着去面对自己的每个感受每个行为。更多地对自己进行自我觉察，让自己在不断的觉察中发现自己的固有模式，升级自己的信念，以及清理负面情绪造成的影响。让自己明白如何用灵魂的品质去面对无常事，能协助自己放下控制的心。你可以坦然分享自己的感受，而不是拿自己的感受当工具去控制对方，把自己放在受害者的身份，把对方推向施害者的身份。你会有不一样的收获。

保持用灵魂的心去感受这个世界，你会扩展你的爱，可以改变亲密关系，并与人们和谐相处，会让自己成为爱，为你周围的能量注入更多美丽、秩序与光明，你会越来越感受到天人合一的感觉，并能更柔软地面对自己的成长，成为一股善的力量与爱的源头进入别人的心。

其实，邀请灵魂和你同在最好的作用是看到自己的人格如何来思考和控制你的行为。当你看到，你就知道如何用情感的交流而不是用控制的方式去做，让自己放下控制的心，去用真正的内心与对方交流，你会有不一样的收获。

在这个过程中，可能一些固有的行为模式会来干扰你，放轻松，人格的关系也不想轻易放弃控制你，它一样要体现出自己的价值。当你看到自己或者对方的人格力量，不用着急，可以先和自己的人格对话，看看它想要告诉你什么，带着善意看待人格的声音，不要去评判它带给你的障碍，看到它想保护你的心，并带它看到你更大的愿景，带它认识现在的你，引领它和你一起成长。每个人都要为自己的生命负责，有能力选择与决定，并接受后果。

我们是什么样的人，很大程度上取决于我们如何看待自己，我们相信了什么，我们选择了什么。人生就是不断变化的风景，选择看待变化多样的风景，才能更好地面对一切的突如其来，让自己人生过得更精彩。让自己的人生多一些主动权，主动选择重新定义自己的认知和人生状态，我们将看到不同的风景。

一、练习：

自我觉察：我们可以每天观察自己是否醒着，可以从三个层次来觉察自己。这个练习可以在自己忽然有情绪、安静或想深入了解自己的时候来做，这个方法可以让你慢慢地、更真切地感受到自己。

1. 身体：此时此刻的身体状况，比如哪里疼痛或者哪里有任何感觉，可以细致到一根手指、一小块头皮，有什么样的状态等，让自己扫描整个身体的状态。

2. 感受：此时此刻的内心感受如何。

感受对于大多数人来说都不熟悉，这是由于我们大多时候都和自己切断了联结，说到感受时，我们会用头脑构建一个感受，会说："我觉得我现在……"如果你发现自己是在用"我觉得"开头，其实你没有回归到内心感受上来，还是在用头脑分析并构建感受。

你可以上网找一些感受的词语，加深印象，然后来分别体会一下这些感受在你身体中的体验是什么样的，这样会让你慢慢对感受有感觉。前期你可以先把感受分成正向感受和负向感受两种。

比如正向的感受有：开心、快乐、愉悦、兴奋、亲近、温暖、舒服等，负向的感受有：紧张、恐惧、焦虑、害怕、疏远、冷漠等。

3. 思绪：就是觉察此时此刻你大脑在想什么。

思绪在我们的大脑中时常像一团气在萦绕，没有停止过。这个练习是帮助大家不经过大脑加工来瞬间反映当下的想法，如果没有想法，你可以直接说"空"，不一定非要说点什么才算是完成练习。这个练习是帮助大家尽量减少大脑的加工，让你看到自己真实的想法。

以上练习能够很好地让你通过当下对自己身体、内心、大脑的觉察，更了解自己。可以用笔记本来记录下自己每天或者遇到一些事情事的觉察报告，通过一段时间的记录之后，你会发现你对自己此时在想什么、有什么样的感受更明晰。

二、思考： 找一个不被打扰的地方，安静坐下，并保持放松的状态，拿一面镜子，双眼凝望镜子中的自己一分钟以上，然后思考以下问题：

1. 你是谁？

2. 你是通过什么来认识你自己的？

3. 你是怎么知道自己是你说的这个人的？

4. 你是通过哪些途径来确认的？

5. 你希望自己是一个什么样的人？为什么？

6. 你希望成为的自己和现在的自己有距离吗？

7. 如果有，那个距离是什么？

8. 你能做些什么让这个距离变小？怎么开始？

打破认知盲区

我们在自己的生活中待久了，就会失去拥抱变化的能力。每天按惯性去生活，也失去了观察的眼、洞察的心。在年复一年、日复一日的生活中，我们固化了自己的思维、自己的认知，也忽略了自己的盲区。

著名的"跳蚤效应"是：生物学家把跳蚤随意向地上一抛，它能从地面上跳起一米多高。但如果在一米高的地方放个盖子，跳蚤会撞到盖子，而且是一再地撞上去。一段时间后拿掉盖子，虽然跳蚤继续在跳，但已经不能跳到一米以上了，直至生命结束都是如此。为什么呢？理由很简单，它们调节了自己跳的高度，而且适应了这种情况，不再改变。

跳蚤效应也被称为"自我设限"，人们默认了一个"高度"，这个"高度"常常使人受限，成为自己的"天花板"。

如果你给自己设定了"天花板"，那么你就是在向自己宣告，你不认为自己可以做到更好，因此会给自己关上各种可能的大门，会不断地否定自己，让自己就待在这样的"高度"以下。有多少人不知道"天花板"的存在，即使看到了，也会感叹道：离自己太远，够不着。

要知道，信任的力量是你无法想象的，不要总告诉自己"这不可能""那样不行""我是做不到的"，而要说"什么才是更好的结果"。通过这样的方式放大自己的格局，给自己新的可能，打开自己的"盖"，给自己新的"高度"。

当你开始相信自己有无限可能，你会充满力量，会觉得身体中的每个细胞都被激活，不断地告诉自己"你可以"，那么你真的可以做到。

敢于肯定自己是打破认知盲区的第一步，是提升信心的捷径。

心理学家威廉·詹姆斯说："肯定的言辞，可以满足人类心底最深处的需要，那就是感觉到被人欣赏。"

我们大多数时候吝啬于肯定自己、夸奖自己、信任自己。从今天起，给自己一个目标，任何一件在你看来不可能的事情摆在你面前，先肯定说"是！"告诉自己："我可以做到！"当你开始这么做时，奇迹会慢慢出现，你的个人能力会不断提升，对自己的信任度也会越来越高。

学会用"肯定句"非常重要。我们常常会否定自己，而否定自己的声音会潜藏在我们的潜意识中，主宰我们许多的行动结果。要有意识地觉察自己所说的否定句，并在每个否定句旁修改一个肯定句，来改写潜意识，从而改变结果。

肯定能唤醒自己，能给自己身体注入能量，能让自己的生活充满奇迹。当你开始肯定自己的时候，你就是接纳了一个全新的自己。

我们常常怕的不是自己的不足，而是怕看见自己的力量，怕自己与众不同而不被大家接纳，这才有了《乌合之众》（古斯塔夫·勒庞著）中所描写的、95％的人的生活现状：人一到群体中，智商就严重降低，为了获得认同，个体愿意抛弃是非，用智商去换取那份让人备感安全的归属感。群体只会干两件事——锦上添花或落井下石。

我非常敬佩的著名企业家查理·芒格就是一位不给自己人生设限的人。记得他曾经说过："人应该不止有一种思维角度，至少要有上百种思维角度去思考。"我特别欣赏这句话，也是这句话的践行者。

记得有人曾经问过芒格会演奏钢琴吗？芒格回答说："我不知道，因为我还没有开始学习。"这样的回答，就是不给自己设限的境界。

我在《魔法妈妈的神奇密码》中曾写道，孩子有主持人的梦想，我就自己先去挑战，最终孩子也通过自己的努力成为了学校的主持人，这个案例就是不给自己的人生设限的一次经历。通过不给自己设限，开启了孩子的梦想之路，也让孩子敢于面对挑战，给孩子开启了一个不设限的人生。

可能有人会说，你就不怕吗？你就不怕让自己失望吗？面对新的事物，都没有尝试过，何谈失败与成功？哪个成功的背后不都是无数次的失败和试错才最终获得的？如果都不给自己失败的机会，如何去迎接成功的可能？

就是因为不断地肯定自己，我才更自信。当然，"肯定自己"不是一次到位的，从生活中的小事开始肯定自己，你会一步步迈向更广阔的天，每一个你害怕进入的洞穴里，都有宝藏在等着你。

要想扩展自己的能力，就应当打破自己的心理惯性，去肯定自己。

肯定自己能培养好奇心，能会保持对研究某个事物的学习兴趣。只要迈出这一步，打破认知盲区就不是问题。

思考：

1. 想象一下，如果你有一个思维盲区，那会是什么？

2. 你看到了自己什么独特的力量？在什么时候？

3. 在成长的过程中，你做到了什么会让你感觉到"你值得拥有"？

4. 你和"你值得拥有"之间有什么样的约定？

5. 从何时起你开始遵守这样的约定？

6. 遵守这个"约定"对你来说意味着什么？

7. 在什么时候你会否定自己？在什么时候你会肯定自己？

8. 如果你有个小宇宙需要点燃，引爆它的会是什么？你会怎么做？

认出镜像的你

一次看到女儿在照镜子，眉头紧锁，小手托着下巴，看似在思索什么重要人生，我上前去询问时，她说："妈妈，我们永远无法看到真正的自己。"

我很诧异，一个五岁的小朋友怎么会说出这样的话来，便问她为什么会发出这样的感叹。她说："因为我们所看到的自己不过是通过镜子的反射，都是反的，我们看不到正面的自己。"我无法反驳孩子的话，确实如女儿所说，这引发了我对"镜像"和"真实"的自己进行思考。

不少人会抱怨自己总是遇人不淑、不够幸运、做着出力不讨好的事情。在他们叙述的时候，给我的感觉是，虽然他们口中说的是不同的人，发生了不同的事，但这些人和事又都呈现出很强的共性。

记得一位朋友告诉我他离婚了，我大体了解，他的上段婚姻算是闪婚，而在他闪婚前，刚和相识不到半年的前妻离婚三个月，这是他第二次离婚。还没等我开口问他现在的情况如何，他又说自己已经再婚，并正面临着再次离婚。

他的叙述中听到的虽然是和不同的人经历了不同的婚姻，发生了不同的矛盾，但我可以听出这其中的共性。他也曾面临快速开公司，然后又把公司卖掉，重新找合伙人再开新公司等，这其实可以归纳为同一种类似的事件。

而他自己却看不到这些共性，谈话中他总感叹人生中的错位，让自己无法遇到一个和自己心意相投、走完一生的人；公司运作上虽然赚钱，但总是无法和一个好的合伙人走到最后，总是让自己在忙碌中开始，又在忙碌中结束，仿佛一切努力到最后都是打水漂，不得善终。

从这个朋友的身上，我看到了"现世轮回"的现象。相同的戏码在他身上上演，只是换了不同的角色和故事主线而已。

还有一次和一个姐妹聊天，她诉说着自己的种种不容易，这么多年都没有停下脚步，总是很拼搏，自己都觉得自己很励志。自己从做第一单生意到现在，什么赚钱就做什么，换了不少行业，到最后好像什么都没有留下。人生走到了不惑之年，好像还是在苦苦挣扎。而她的其他同学、朋友过着在家不用做什么就可以被老公养着、被国家养着的工作，也不用操心、不用犯愁。

自己和孩子的关系也一直不好。据她说为了让孩子读最好的学校，自己也是不惜代价，小学阶段就给孩子换了五所学校，因为她总是想让孩子上更好的学校，只要打听到比现在这所学校更好的，她就会不惜花大价钱，一次次地给孩子换贵族学校，还一定要重点班，结果孩子就是不争气，从来都是年级倒数几名，这让她感觉心累、挫败。从这两个例子中，大家是否能看到他们经历中的共性？

那么，在你的生活中引发不愉快，想逃避、心累、无可奈何的人和事中，是否也有着类似的共性值得深思？你可以回顾自己的人生经历，是否有可以看到的共性，或者在你身边、和你走得相对近的人之中，是否有和你背景类似、经历和性格也相像的人。

你身边的人和事，到底哪里出了问题？有哪些不对劲的地方？想了解这些问题，先要问问，你真的了解自己吗？我们每天耳听八方、眼观六路，敏锐地洞察着商机、判断着趋势、观察着世界的风云变化，我们是否偶尔聚焦向内地窥探下自己，是什么在引导你做出现在的判断和决定，使得自己和这样的人交往，和这样的事结缘？

比方说：你很没有安全感，那么你在不知不觉中会把自己塑造成那个看起来很有安全感的人，用安全感来伪装自己，至少在别人眼里，你是个能给予别人安全感的人。这其实是你把自己塑造成了你向往的人。能够给人安全感，是你希望有那么一个人来给你安全感，并不是你具有安全感。

可是在生命的过程中，由于你一直有这种潜意识，而不自觉地把自己塑造成一个假象，来隐藏自己内心缺失安全感的状态。这是一个人的潜意识，很难被看见，甚至这个假象已经和你熟识到让你感受不到它的存在。

而你对安全感需求的"小雷达"却一直没有停歇，吸引到身边的人都是因为接收到你的信号。他们都和你有着类似需求，而他们所看到的你，是一个能够给予他人安全感的人，从而被你吸引，期待着你能给予对方安全感，而其实这个也正是你所缺失的部分。你们彼此都想从对方身上获得安全感，然后你们带着对彼此的预设进行交往，通过慢慢接触，了解到那个真实的、缺失安全感的彼此，导致期待落空，而渐渐对对方产生了质疑和不解。没有人会认为自己当初的判断出错，只会认为是对方变了，最终的结果就可想而知了。

其实生命中有意思的是，被你吸引来的人，正是你需要完成的生命课题。你看见你最不想触碰的、自己生命中的那个影子，但可悲的是，大多数人都选择逃避，不去面对。

俗话说：种瓜得瓜、种豆得豆。你付出什么，就会收获什么。如果你能在这个相遇的过程如果看到，实际上这些人都是和你有相同课题的，你只要开始给予对方那个缺失的部分，给予的过程就是自己拥有的过程，就是自己开始"种瓜"的过程。反之，你还是会不断吸引"镜像"的自己。

我们有时会评价一个人"外表越坚强内心越软弱"，我们却把镜像原理造就的外在当成了自己本来的样子，用这样的外在自己与自己、与他人相处，就会无法认清我们需求的本质，也无法吸引自己真正想要的人和事，就会在生活中不断出现错位和认知偏差。所以看清楚镜像的自己，才能够真正学会如何去拥抱、接纳自己和寻找到真正属于你的幸福。

要看清镜像的自己，就要先进行自我评价。那么问题来了，你是用什么样的衡量标准来评价自己的？这个衡量标准来自于哪里？镜像的自己是从何而来?

大家在做自我评价的时候有没有这样的感觉:你的内在好像有个权威坐在那里盯着你,影响着你的评价系统。假如这个权威比较随和,你对自己的评价就会高一些;假如这个权威比较严厉,你对自己的评价就会低一些。

这双权威的眼是如何影响着我们的评价系统?孩子被父母低估,总说孩子什么都做不好,做好了也不表扬不肯定,孩子就会低估自我。经常用低估自己的孩子会价值感缺失,常常觉得自己不如别人,并否定自己,时刻告诉自己能力不足,对自己苛求而不接纳自己。这样的孩子长大后会变成轻蔑、怀疑自我和犹豫不决的人,做事会缩手缩脚,总想得到别人的认可和肯定,如果得不到就会抱怨、自恨、自暴自弃,还会猜测别人对自己的接纳程度,时刻想证明自己的智力、能力、价值和个性。他们可能是完美主义者,但对自己永远没有满意的时候。

如果父母给予孩子过高的评价又会是什么结果?有的家长从小就宠着孩子,孩子并没有做出什么成绩就用"你好棒!""你好厉害!""你好聪明!"等话语来表达,以为这样做是正向鼓励孩子,但实际上夸大又模糊的评价语会在让孩子对自己有过高的评价系统。

在这种情况下,孩子会轻视外在的权威,会形成傲慢的心态,很难放空自己、谦卑地去对待他人,随之而来还有自我厌恨。还有的孩子为了守住这些高的评价,会极力掩饰自己的不足,无法接受别人对自己的批评,来守住自己的那个高评价值。

久而久之,我们偏离了真正的自我评价系统,只能看到的虚假的自己。

什么是真正的自我评价系统？其实自我评价是我们与生俱来的能力。

当我们的世界被自我评价照亮时，才会变得更开阔，我们会越来越依赖自己，能力也会越来越强，也会更懂得对自我负责，会跟随内在喜悦的灵动来寻找自我的评价。

人们往往会混淆真实的喜悦和成就的骄傲。成就的骄傲更多的来自于自我评价不对等的补偿心理，过低的自我评价会变成追求成功的一种动力，这样的人表面看起来好像很愉悦，但事实上大多承受了内心的痛苦，一旦失去这种表面意义的成功就会陷入无价值感、不被认可的痛苦之中。低价值感的人为了寻求高价值感，常常会努力让自己成为某种楷模、他人眼中的明星、别人关注的焦点等，这看似会得到满足感和愉悦，但这种愉悦缺失的是真实性，是一种虚假、不健康的内在评价。缺乏真实喜悦基础的满足，是一种假象和麻痹，是海市蜃楼，会稍纵即逝。每一次的成就反而会给他们带来更多的自我怀疑、轻视、自我厌恶和傲慢。内心的空洞会要更多的成就，却无法得到内心真正的满足。

真实的喜悦是一种态度、是对自己与他人爱的状态，它来自于内心宁静的感觉，有给予和接受的能力，还有对自己及他人的觉察。这是一种感恩和慈悲的境界，一种与最内在的自己、与灵魂连接的感觉。它能创造出一种滋养、守护的环境，让你的心更敞开，可以让你优雅地处理看似困难的那些事。

我们都在寻求内在的完整感，有些人能感知到，真正的愉悦来自内在的世界，而外在世界是内在世界的一个象征性表象。

当我们协助他人达到了目标，当我们在别人困苦的时伸出援手，那种喜悦都是发自你内在的真实。

让自己感觉愉悦的条件因人而异。让你拥有自尊的条件未必会与他人相同。发现什么事情能使你感觉自己有价值、有信心与快乐是很重要的。当你经由意向与最内在的自己接触时，你就创造了让自己愉悦的道路。

要想改变自己的"镜像人生"，就要理清自己身体中的各种镜像反射，去拥抱那个曾经变形的评价，通过追随内在喜悦声音的路途，重塑自我评价体系，重新踏上新的征程，开启全新的生命旅程。

思考练习：

找一个不被打扰的地方，让自己放松，并安静坐下，凝望镜子中的自己，保持深长的呼吸，回答以下问题：

1. 今天镜子中的你和昨天有什么不同？

2. 从你的身上你能看到谁的影子？

3. 对你有什么样的影响？

4. 镜子里的你想对你说些什么？

5. 试着对镜子里的你说："我爱你，我真的爱你，有我陪着你！你是安全的，你是温暖的。"此时，你内心有什么样的感受？

6. 如果有份承诺要和镜子里的自己说，会是什么？

7. 如果对这份承诺需要一个行动会是什么？你会怎么做？

头脑中的"背景音"

你是否有过这样的经验：当面临选择的时候，脑子会觉得很涨，好像一大堆混杂的声音充满你的大脑，很难找出头绪，让人感到烦躁、焦虑、纠结。这团声音像背景音一样悄无声息地在你大脑中播放着，你不留意根本听不到，但你的许多行为却会受其干扰。

我也曾经受这种声音的干扰，每当面临一件需要选择的事情就会患得患失，大脑中不断有各种声音出现，让自己不知道要听谁的，到底如何做才是对的。

我第一次听到这些声音清晰地出现在大脑，是在一次瑜伽冥想课上。那次冥想是我第一次进入到安静的状态下，跟着老师的语音放松身体中的每个部位，当整个教室安静得能听到每个人的呼吸时，我却感觉如坐针毡，脑子里的念头和声音层出不穷，而且声音越来越大，这让我心烦意乱，很想尽快结束冥想，不断偷偷睁开眼睛，想离开，看到周围人还安静地在放松，只好又闭上眼睛让自己硬着头皮坐着。

感觉过了好长时间，老师都没有喊停的意思，自己这么闭着眼睛坐着好无聊，觉得很浪费时间，内心开始烦躁不安。但既然选择了来上课，也只能耐着性子坐着，不知过了多久，这些声音好像开始变慢了，变成一条条文字出现在我的大脑中，我能看到它们的内容就漂浮在我大脑的上方。我开始一条条读这些文字，才知道原来自己的大脑里装了这么多的声音。

这次体验给我带来了很大的收获和惊喜。让我好奇大脑中为什么会有这么多的声音出现，这些文字想告诉我什么。

在之后的几次呼吸冥想中，我读到了那些不允许、评判的声音。这些声音有的来自父母，有的来自自己曾经受伤的经历，有的来自社会见闻。这些声音会因为某些事情的发生，一股脑地跑出来出主意。

但当我慢下来之后，会发现这些干扰的声音大多来自于怕自己受伤、怕自己不被接纳、怕自己做得不够好等，这些声音穿插、捆绑着成为我大脑中的背景音，在阻碍着我前行。

当我发现慢下来能让自己觉察到这些声音时，我时常让自己慢下来，安静地去仔细聆听每个声音，在一次冥想中，我忽然被这些声音感动了，这些声音都是想保护我的，这些声音的背后带着爱我的渴望。我虽然不知道这些声音是什么时候开始出现在我头脑中的，但我的心柔软了，不再讨厌它们的到来。

从那时起，我会花时间让自己保持安静，然后寻找和每个声音对话的机会，看它们想告诉我什么。当我认真聆听内在声音的时候，我会感受到这个声音背后的善意，这个善意抵消了身体中对抗的能量。

在这样的体验中有了一些收获时，就好像开启了一个新的旅程。

我每天都会抽出些时间觉察自己，让自己进入到深呼吸的状态中，看看大脑中的这些声音在告诉我些什么。当头脑中又出现这些声音字条，我就会去问问自己：

最早记忆这个声音是什么时候开始的？

是什么样的场景？

发生了什么事情？

我当时的感受是什么？

慢慢通过给自己提问，来了解每个声音背后的渴望是什么。

提问是很好锁定我们大脑意识的方法，不断缩小问题的范围，你就能看到这些声音背后想告诉你的善意，和你能获得的答案。

从这些声音中，我看到了那都是我曾经的一些经历，每当我遇到相同的事情时，这些声音就会出来帮忙，想告诉我如何可以不犯错、不被骂，怎么样才能把时间放在对自己更有利的地方上。

在自己明白了这些背景音的目的后，我会很想拥抱它们，感觉就像老朋友的默默支持。我会把每个声音想象成当时自己的模样，去拥抱那个时候的自己。

当我通过这些声音开始和那个时候的自己拥抱、对话时，我感觉舒服多了，人的内心也渐渐柔软、也松弛了。

之后我就把和自己的声音交流当成游戏，每当听到这样的背景声音，就会让自己保持安静，和那些声音对话，在对话中拥抱自己。这些声音很细微，不容易被察觉。

就这样，在和自己背景音对话的游戏中，我感觉身体中好像隐藏着许多的黑盒子，就这么一个一个被打开，离开了我的身体，给我的身体腾出了许多的空间，可以承载更多的内容，我迎接了更多的阳光和空气，整个人的状态都轻松明亮了起来。

这些感受让我明白，其实那些背景声音是需要你释放的地方，如果困在你的身体中，就会成为阻碍你的能量，但你换个角度去看，这些阻碍算是曾经的老朋友，只要你让它跟你一起看到你已经成长了、已经和以前不同了、已经有了更美好的未来画面，邀请它加入到共创你新的未来时，那么你就释放了这些声音，就是和之前的自己拥抱、和解，并能让曾经的阻碍成为协助你的动力。

我们之所以会纠结、茫然，做的事情好像和自己向往的发展不同，是因为我们把权责交给了这些声音中的一个。这就会形成对你前进道路上的阻碍。

还需要提醒的是，有些人听到这些声音后，会对此产生评判。其实应该看到，我们一路走来，这些声音在我们成长的道路上帮了不少忙，在当时也起到了很大的作用。不要过河拆桥般地对待曾经保护过你的声音。

我们要看到这些声音曾经的努力，它们用了自己可能用到的最好方式来协助你成为现在的模样，我们需要对它们曾经的付出表示感谢，并让它们从现在的阻碍走向继续对你的支持。

思考：

1. 让自己保持安静，深呼吸，你听到了什么？

2. 如果往外听，你能听到家里的什么声音？窗外的什么声音？

3. 如果再往内听，你能听到什么声音？

4. 如果此时你想有一个改变，那会是什么？

5. 从旁观者的角度观察自己，你会看到什么？

6. 把注意力放到眉心，你听到了什么？没有听到什么？

7. 内心会升起什么样的渴望？

升级你的信念

一、 相信什么就会创造什么

信念是我们的意识体，在生活中，我们很多时候都屈从于信念而不自知。

提起信念，大多人的第一反应是：这是我赖以生存的法宝，是我成长到现在的支柱。很少有人去怀疑它，也很少有人去探究自己的信念体系是否对现有的生活状态和时代适用。

请你尝试问自己：现在的生活状态是因哪些信念所创造的，或者说，你相信了什么才有了现在的生活？

我们相信什么，就会创造什么。信念会干扰并影响我们，信念的部分组成来自于一些旧有环境和我们的潜意识。顺着我们的旧有信念，可以找到限制我们的思维和干扰我们的困惑，在排除旧有信念干扰的同时，要相信你拥有无限的丰盛，你是创造者本身，你是自己丰盛的源头。

二、 升级你的信念

现在我们一起来看看，你是否觉得自己的信念是不可改变的？有没有哪些信念并不是来自于你的内心？你相信自己不够好吗？你相信只能做不喜欢的事情才能赚钱吗？你相信自己不值得拥有更美好的事物吗？在你的信念中，你恐惧的是什么？

你对自己生活的信念，决定了你如何去吸引身边的人事物。如果你不相信丰盛富足是你能够轻松拥有的，如果你不相信来到你身边的那些优秀卓越的人是你值得拥有的，即使有机会摆在你的面前，你也会认为是骗局。

生活的丰盛就在你内心，但你给自己设了限，就无法拥有。厘清自己的信念，哪些信念来自你周遭的人，而非你自己。自己决定是保留，还是改变。

在升级信念上，你可以选择保留什么、改变什么，不需要全盘否定自己，这是你的生命，也是你的选择。

三、 放下执念

除了信念，我们还常常被自己的执念所捆绑。任何执念都会消耗我们的能量。

我们对于自己的执念和信念有着依赖关系，只是你不会承认而已。

一位朋友对我说，他不管多晚回家都自己手洗衣服，并每日会熨好衣服才穿出门。他对我表达这些的时候，应该是想表达自己是一位有品位的、懂生活的人，但听的人会有自己的解读。

从我的理解中，他是被自己创造出来的"讲究"所绑架了。应该没有谁会注意到他的衣服是手洗并且熨过（只是 T 恤）的。

我们常常被自己的一些执念所抓住并控制，有时还会以为这些执念是自己的优势而沾沾自喜。

全新的视野和角度将会让你意识到，你一直以来抱持的信念，尤其是对自己的这部分信念，并不是百分之百真实的。当你觉察到这一点后，它们就会变得毫无根基。在每个旧有信念的旁边改写一个新的你值得拥有的信念，你的生命就会开启新的可能性。当你创造了新的信念来替代旧有信念、迎来了新的感受时，你就会更有力量去面对自己的未来，也会迎来一种更值得拥有的生活状态。

思考：

1. 当看到"信念"二字，你想到的是什么？

2. 你对"信念"是如何理解的？

3. 反观自己，什么样的信念支持你成为今天的自己？

4. 有什么样的问题会经常困扰到你？

5. 这些问题有什么共性吗？

6. 你一直放不下的是什么？为什么？

7. 如果只是简单地想象把这个问题放下，你看着它，会有什么不同？

8. 如果有一个新的信念需要去升级，你希望是什么？为什么？

情绪裂缝

一、 如影随形的情绪

情绪具有很强的传染性，如果家中有一个人情绪不好，其他家人很快就会被"传染"，家庭氛围也会变得紧张起来。尤其是孩子，这让孩子内心躁动不安，出现磨蹭、专注力不够、自律性差等明显的症状。在家庭中，情绪的状态显得尤为重要。

大家在抱怨情绪给我们的生活带来诸多不适的时候，是否想过情绪背后的价值？

其实，每种情绪背后都有一个声音，在宣告着自己的价值，只是我们并没有听到。以至于我们没有利用到情绪价值，反而使之成了伤害我们的武器。

当你学会倾听情绪背后的声音，你就能知道情绪想告诉你什么，才能利用好情绪价值、消减你的情绪，而不是被情绪牵着鼻子走。

二、 情绪信号与大脑的关系

当我们感受到情绪发给我们的信号时，我们要明白，信号并不是事件本身，可能是情绪背后牵引的潜意识。我们可以通过向自己提问，以自我觉察的方式来找到关闭在身体中、和这个感受相关的事件，并和当时的自己和解，从而释放积压在身体中的情绪，避免让这种情绪控制我们。这也就是为什么有些事看起来不至于发那么大的火，有些人却无法控制自己。

当我们了解了大脑和身体这一连串的反应就会明白，情绪只是信号，我们要利用好这种信号，来成为挖掘自己潜能的工具，改变自身的状态。从而达到扩展能力、让自己的生活更有创意。

三、 学会看到情绪价值

在利用情绪价值前，我们首先要改变一些对情绪的旧有观念和认知。情绪没有正负，所有的情绪都是你的生命能量。

在我们了解了情绪之后，就可以学习与之和平共处。情绪如果被压抑，这股能量就会积压在身体的某处，积压久了就会有"内爆破"反应，也就是疾病的暴发。

如果我们因一件事情而起了情绪，此时观察自己的情绪，问问自己：

　　你为什么会升起这种情绪？

　　这种感受你熟悉吗？

　　上次有相同情绪的时候，是遇到了什么样的事情？

　　这两件事情有相似之处吗？

　　情绪要告诉你什么？

四、"顺藤摸瓜"寻找情绪根源

　　我们可以通过"顺藤摸瓜"的方式，寻找情绪根源并释放被卡住的能量。

　　情绪其实是内心未被满足的一个点，当你拥有不快乐的情绪时，能选择自我负责、了解自己为什么感觉生气，会比试图改变他人、责怪他人的方法更能提升你的境界。

　　当你开始这么做时，你的情绪会平和。我们改变不了曾经发生的事情，但我们可以改变看待这些事情的方式。

五、 通过"情绪报告"觉察自己

　　通过情绪开启自我觉察是很好的路径。你越能觉察自己，就越不容易被情绪影响，还可以通过情绪来更好地认识、厘清、提升。

　　我们可以借由让自己成为情绪能量的观察者，去引导这股能量对我们的影响。

我们可以透过情绪观察，让自己更少地受到情绪影响，学习不让别人的能量来消耗你，这和你对自己情绪认知的深度有关。情绪来自对自我的接纳度，没有人可以用 TA 的负面的情绪伤害你，除非你自己拥有同样的情绪。

六、 允许你的情绪流动

女儿给我分享过一次小朋友们聚会的场景：一个小孩哭了，其他孩子都劝她不要哭，只有羽毛儿对她说："你哭吧，我陪着你。"接着，所有的孩子都说："你哭吧，我们陪着你。"

允许情绪自然流动是我们身体的本能。在部分家庭教育中，哭是不被允许的，但这会阻碍情绪的自然流动。如果父母觉得情绪表达是一种羞耻，那么也会让孩子快速学会关闭自己的情绪大门，从而切断自我的感受系统，以免让自己成为父母眼中那个可耻的人。

儿时的情绪挤压，会随着我们的成长在体内发酵，如果我们不加以重视，就会成为我们身体中的疾病，也会形成心理的阻碍。

情绪仅是一股能量之流。所有的情绪都是我们必不可少的一部分，要保持情绪的自然流动，这样才能让我们更真实地做自己，让我们的身心更健康。

思考：

1. 你有多久没有哭过了？

2. 最近一次是什么事引发了你的情绪？

3. 你内在的感受如何？

4. 如果邀请这种情绪走出你的身体，你会发现它是什么样的？

5. 它想告诉你什么？

6. 如果你把它想成一种象征，那会是什么？

7. 如果让你抱着这种情绪，它的感受如何？你的感受如何？

8. 你觉察到了什么？你看到了它的什么渴望？

9. 你对自己情绪的认知和家人对你情绪的认知有什么不同？

唤醒你的"原力"

从小就喜欢《星球大战》，被里面形形色色的人物、场景以及无边的想象力所吸引，印象最深刻的，则是电影中每部必提到的"原力"。"原力"能让人发挥出超常的力量，战胜一切。我想，"原力"其实也是我们每个人都拥有的内在动力，我们需要从自身去探寻，才能唤醒自己的"原力"。

儿时，我们都喜欢问"为什么"，那是孩子在探寻未知的世界。那个时候我们的"原力"十足，每天都会开启"十万个为什么"的模式，而家长们总希望能给一个立竿见影的答案，让孩子不要继续追问。成人的敷衍把孩子探索的"原力"推进了混沌的世界。

现在的我们不再关注宇宙万物，对许多事情也提不起兴趣，陷入每日的繁忙，为了不让自己思考，又用各种游戏、应酬、打牌来占据空余时间，每日被琐事牵着鼻子走。"原力"也在这样的消耗中渐渐没有了踪影。

感知不到"原力"的我们，仿佛没有了马达的机器，失去了动力，只能靠惯性或者人工推动才能运行。于是，我们只好把期望寄托在下一代身上，结果用力过猛，把自己变成了保姆式家长、直升机式家长、快递式家长，孩子的"原力"也在这样的家长干扰中渐渐消失。

保护孩子的"原力"，允许孩子慢慢长大，我们也在保护孩子"原力"的同时，找回自己的"原力"。

我们常常看到孩子某件事做不到位，家长就立刻亲自代劳。对于家长来讲，代劳是最简单的，而代劳却剥夺了孩子的自主权、忽略了孩子的感受，会渐渐让孩子不愿独立面对事情，并对自己缺乏信心和独立完成一件事后的喜悦与成就感。

我们要允许孩子有阶段地成长，而不是一下加码到成人的水平。想成全孩子，就给 TA 一个宽松、自主的环境，任其发展自己的"原力"。

请允许孩子慢慢长大。教育孩子的过程，其实也是家长最好的学习时机，在此过程中，也能唤醒家长的"原力"。

思考：

1. 说到"原力"，你第一个想到的是什么？为什么？

2. 从过往人生经历中，哪件事件让你感受到了"原力"的存在？

3. "原力"在你体内是什么样的？

4. 如何获得"原力"的支持？

5. 现在，你的"原力"发挥了多少能量？评分为 1 分至 10 分的话，你会给几分？

6. 如果没给自己满分，缺失的几分是因为什么？

7. 可以从哪里获得缺失的几分？你会如何行动？

8. 想象你"原力"满满的样子，会是什么样的？

进入空性

"空"是一种意识状态，你能进入其中，超越目前的限制，放下旧有的事物并进入成长的下一个层次。你会抛开熟悉的架构、习惯、想法和行为，进入一个新的阶段。

我们有时会觉得活在生命中，又游离在生命外，这让我们会在满满的生活中空空地行走；而停下脚步，心又空得难受，仿佛自由落体的无限坠落。

当你开始保持觉察的心，不断去探索自己、认识自己，你就开始经历"空"的状态。

可能刚开始你会觉得茫然、不踏实，感觉自己的生活失去了往日的状态，曾经觉得安全而踏实的现状一下变得不那么真实。请不要惊慌，这是你成长之路必经的时刻。因为在这个时刻，新的事物尚未建立，而旧的事物也还没有离去。接纳这种状态，直到"升级"完毕。

每个"空"的时刻，都是你在升级的过程。

在这个过程中，你身边的一些事情可能发生变化，大脑中也会冒出一些从没思考过的问题。这是因为你给自己的身体和大脑腾出了"空间"，你会自问一些从来没有想过的问题。

我很喜欢"空"的感觉，常常创造机会让自己独处，把自己和这个世界拉开一些距离，让自己更有空间，也时常喜欢把自己从身体中抽离出来，以旁观者的身份来看自己的生活，感受更多维的自己。在这个拉开距离的过程中，会看到不一样的世界，不一样的自己。

"空"是从"不知"通往"真知"的大门。我想，王阳明如果不是经历了"空"，是无法感受到"心外无理，心外无物，心外无事"的，也无法提出"心学"和"独知"的概念。

如果此刻的你感觉迷茫，就把自己放到"空"中吧，去看看这一切在给你展示什么。

经历过后你会发现，你会开始给自己的人生做减法，会开始聚焦于自己的喜爱，一些新的机遇也会来到你的身边。

把自己放入"空"中，你会感受到生活的从容、优雅，会更放松地去面对未知的一切。

思考：

　　1. 对于"空"，你的理解是什么？

　　2. 你对"自我"的理解是什么？

　　3. 你有多久没有放空过自己了？

4. 上一次的放空是什么时候？发生了什么？

5. 放空对你来说意味着什么？

6. 如果给自己一段安静的时光，你会想去哪里？做什么？

7. 如果给这个行动一个时间，你希望是什么时候？

转念之间的厚度——选择

经历、思考多了就会发现，凡事走到终点都是哲学问题，都是一枚硬币的两面，在硬币的正面和反面之间有一个不易觉察的厚度空间，这个空间就是选择。而对于如何选择，就是转念之间。

任何事物的发展都有其两面性，然而选择的厚度，直接决定了你是在天堂还是在地狱。

我们常常觉得自己在选择轻松、简单、方便的人生道路，却发现这看似简单、轻松的道路背后面临的却是更多的困难、焦虑和烦躁。如果你只愿做轻松的事情，人生就会困难重重。人生的道途就是这样富有哲学意义，当你愿意迎难而上，你会发现，前面的路并没有你想象的那么困难和痛苦，反而会迎来轻松自如的人生。

如何在转念之间找准选择的方向？其实就是立场的问题。聚焦向内还是聚焦向外。看你是眼观六路、耳听八方，被所有的外在事物牵绊，还是掉头回看自己的内心，保持自我的觉察。

聚焦向外是容易的，因为睁开双眼，我们肉眼看到的就都是外界的一切，却永远看不到自己。

之后我们会被看到的所有实相牵着走：看到自己还要处理的工作、看到自己的家庭一地鸡毛的琐事，打开手机看到的是同事的不协同、老板的催促、银行的账单、朋友的邀约、晚间的应酬等，我们的行动产生什么样的结果，完全由我们看到的一切所产生的动机决定。

"转念之间"又要如何看到，并做出最符合自己的选择？当我们愿意为发生在自己身上的事情负100％的责任时，你就能获得选择的力量。

这并不是说让你包揽所有的错误，而是开始有意识地从自己负责的角度看待发生在自己身上的事情，包括看起来是别人对自己的伤害。一旦决定要为自己的生活负完全的责任，你就能升起内心的力量，能得到平静和清明的心智去面对看起来糟糕的事。即使这件事情是他人对你的伤害，你依然可以选择由自己负责自我伤害的部分，这个时候，你会发现你已经开始学会选择了。

当选择自我负责的态度时，其实你是站在一个更高的维度上来面对问题，而不是站在问题本身来看问题。如果能做到"即使有理也不去追究对方的错误和责任，而去看如何能让事情更有利于整体的利益、家庭的利益"，把个人的得失看淡，那么，你就是在选择一个100％负责任的态度来面对发生的事情。在一个家庭中，如果你只在乎个人得失或者输赢，你最终是输的那个人。

思考：

1. 选择对你来说意味着什么？

2. 如果对于现在的生活有一个新的选择，你渴望的是什么？

3. 新的选择对你来说有什么样的挑战？

4. 这种选择如果实现了，会给你的人生带来什么？

5. 这种选择和谁有关？为什么？

欣赏你的生命

一、 欣赏你的生命

三毛曾经说过："一个不欣赏自己的人，是难以快乐的。"

歌德曾经说过："你要欣赏自己的价值，就得给世界增添价值。"

这个世界本来就是价值主张的构造，我们只有欣赏自己的价值，才能够创造出价值服务于这个社会，让自己获得内心的满足感。当你聚焦在欣赏自己的生命上，你就能更有创意地去面对自己的人生，也就扬升了自己的生命状态，而不会掉进哀叹的黑洞中。

欣赏自己的孩子也是如此，从一个微小的点去学习欣赏孩子，让你们在彼此欣赏的过程中感受生命的流动，让生命更有价值感。

当你学会欣赏自己的生命，你会发现周围的人也会开始欣赏你。能够彼此欣赏的人，内心的关系也更亲近。

借由欣赏自己去影响孩子，让孩子自主地发现"我真棒"的时刻，去享受并记录下孩子和你分享的每一个"我真棒"的故事，这将是你们亲子关系中弥足珍贵的财富。

二、 如何学习欣赏你的生命

1. 欣赏你的生命，从爱自己出发

王尔德说："爱自己，是终生浪漫的开始。"也唯有从爱自己开始，才能懂得如何爱别人。

有些人不知要如何爱自己，一直迁就别人，成为那个越活越不喜欢自己的人。

有些人认为爱自己就要自私，把对他人的感受和关注放在自己的后面。

有些人把爱当成了"零和游戏"，认为爱给了出去，自己就没有了。因此在生活中缺失了爱的方法和能力。

有些人听他人说如何爱自己就去模仿或跟风，结果并没有获得爱的感受。

爱自己，是要多问问什么才是对你好的：

这是我喜欢的吗？

这真的适合我吗？

做这件事情会让我快乐吗？

我有委屈自己吗？

我是爱自己才这么做的，还是为了迎合他人？

爱自己，还要停止和他人的比较。要了解自己的与众不同，比较只可能让你陷入对自己的不满，从而忘记欣赏自己。

爱自己，就要看到自己独一无二的特点。如果你能欣赏自己的独特性，那么你就容易超脱出他人的看法，进而跟随自己的指引。

爱自己的一大障碍，是对他人的批判。当你不断批判他人的时候，不仅和他人的距离变远了，还和自己分离了。

批判他人，其实是你不接受自己的某种样子。只有做到自己喜爱的状态，才可以接受自己、爱自己，也不会再批判他人。

爱自己，是真的感受到爱在心中流动的体验。就好比你帮助某人走出了困境，你并不需要别人给予你什么，只要看到对方感激的眼神，你就能够明白，付出的一切都值了。

2. 带着"爱"出门

"爱"不是一定要找一个特定的人，或者特定的事情来定义，而是每一件发生在你身上的事，都有你可以去体验爱的机会。

带着爱的感觉去生活，从每件事中找出爱的元素，让自己快乐。

有次打车，在司机的聊天中感受到了司机的情绪，我就给司机讲了孔子的"三季人"的故事，师傅听过后豁然开朗，觉得我教会了他如何面对一直以来的困惑。在我下车时，司机帮我拿好行李放到地面，目送我拉着箱子进入小区。

这次经历让我感受到，要懂得时刻带着爱出门，让自己在任何一件小事中体验爱并给予爱。爱是互动的关系，是你给予对方之后的回流。

如果你想学会爱自己，就要学会带着爱出门、带着爱生活。

3. 接受爱，允许更多的美好来到你身边

爱自己还有一个非常重要的环节，就是接受爱，允许自己更美好。

允许自己接受更多的美好，是许多人的课题。

大部分时候，我们会觉得"给予"比较容易，"接受"会比较难。这是因为"给予"会让你感觉到自己是强者，而"接受"会让你觉得自己弱小，会把别人的"给予"看作是施舍。

我们要学会开放性地去接受，接受任何形式来到你身边的馈赠。要知道，你在接受的同时，是帮助了能量的流动，你收到的越多，也越能推动你的"给予"。

其实美好常常被我们挡在了门外。

请接受爱，允许更多的美好来到你身边。

思考：

1. 你在什么时候最欣赏自己？

2. 最近一次欣赏自己是什么时候？发生了什么？

3. 你是怎么爱自己的？

4. 你对自己的现状满意吗？为什么？

5. 对于"值得拥有"，你内心交换的条件是什么？

6. 你能够给这个世界最好的自己是什么样的？请细致地描述出来。

7. 你最美的样子是什么时候？你从闪闪发光的自己身上看到了什么？

8. 如果开始欣赏你自己，第一步你要做什么？从哪件事开始？

挖掘你的天赋

　　一次，朋友在翻看我的新书时感慨说："你写作也这么有天赋，你说你啥没有天赋吧？琴棋书画、讲经论道、柴米油盐啥都行，我实在想不出有什么你不会的，你现在又成作家了。"

　　听起来算是朋友间的调侃，不过也确实，在朋友们眼里，我算是六艺精通了，好像什么都会。然而我自己很清楚，我这些大家眼中的天赋，曾经不仅都不是我的强项，甚至还是我无法逾越的坎。

　　说起美术的天赋，要感谢我小学四年级时换的那位美术老师。在他之前的美术老师曾当着全班同学的面说我不会画画，把我的画给撕了，这让我对上美术课有了阴影，上课基本都是磨下来的，成绩自然平平。四年级换了一位美术老师，记得那堂课画的是一个小男孩坐在宇宙飞船上，当老师走到我面前，我下意识地挡了一下自己的画，怕历史重演。

然而，这位老师拿起我的画本看了看说："你很有美术的天赋，画得很不错，进美术组吧。"

我至今都记得，老师看着我的眼神中透出的肯定和温和。本以为会被批评的我，兴奋且疑惑地看着自己笔下的那个宇宙男孩。

为了不辜负老师的这句肯定，每次美术组活动我都认真参与，从不偷懒。我笔下胆怯的线条，逐渐变成了自信、肯定的线条，越来越流畅地滑过纸间，让各种形象跃然纸上，渐渐变得灵动起来。

虽然这件事情已经过去了三十多年，老师这一句话，让我对美术有了浓厚的兴趣，更不愿意辜负老师对我的认可。记得从那次画小宇宙男孩之后，我的每次美术作业都是满分，后来在美术组参加活动的画作也送去参加市里、区里的画展并获得过前三的成绩。

到了初中，第一节美术课我就被老师选进美术组，记得当时是我们班唯一一个人选的，这对我来说是莫大的荣幸，更加让我肯定了自己对美术的喜爱。

初中美术组以素描为主，我一丝不苟地认真学习，得到了老师的赞誉和认可，并升级为老师的小助理，辅导新入组的学员们的基础练习。

这位老师希望我能走美术专业路线，还曾经到家里对我父母游说了两个小时。但在那个年代，美术在父母眼里属于不务正业，没有同意，也就断送了我的美术之路。

后来这位老师凭着对绘画的热爱，创作出了自己的风格，并被国际友人称为"中国梵·高"。虽然我最后没有走美术专业路线，但在美术的学习中获益匪浅，我明白了，我在美术上的天赋完全来自于老师的认可和我对于这份认可的认真态度。

可以说我并不是一个有天赋的人，如果不是得到了老师和同学们的认可和帮助，可能我永远都不知道自己能够画画、唱歌，而且并不像自己以为的那么笨。

我通过后天的经历重新认识了自己，才让生命有了新的可能性，让我更尊重自己本来的样子，而成为了别人眼里有天赋的人。在我看来，不给自己的人生设限，不以旧标签来限制自己，不活在过去，就能成就自己的天赋。

我们儿时很容易被一些事情所影响，在我们的记忆深处形成一个阴影，也很容易认同父母、老师这样的权威形象给我们贴的标签，不管那些标签是否符合我们，我们都会去认同，尤其对父母的话，有着莫名的认同感，并按照自己认同的样子下意识地去符合这样的形象。

我们每个人一生都会被贴上许多的"标签"，有别人给我们贴的，也有我们因为认同了某种行为而给自己贴的。我们背负着众多的"标签"在人世间行走，使得所作所为都围绕着"标签"来进行。

别人给我们的标签来自"锚定效应"，是指人们在对某人某事做出判断时，易受第一印象或第一信息支配，就像沉入海底的锚，把人们的思想固定在某处，第一印象和先入为主是这种效应在社会生活中的表现形式。我们常常因为某种自我的行为被他人锚定或被自己锚定，形成了自我的认知和标签。而这些标签未必就真的符合你，这就是为什么你总觉得在别人眼中的自己，和自己以为的自己有那么多的不同。

如果不正视自己认知的不足，就没有办法看到自己本来的样貌。你需要有勇气打破自己或他人给你贴的标签，去审视每个标签对自己产生的正面或负面的影响，因为每个标签都会潜移默化地成为你的一部分。在这众多的标签下，有你喜欢的和不喜欢的，但这喜欢与不喜欢的最终都成为了现在的你。

改变要如何开始？我们要重建自己的认知系统、重新定义自己的标签。人们总是喜欢给自己归类，喜欢遵循某一种固有的模式去生活和工作，害怕成为"异类"。但也恰恰是这种行为模式束缚住了自己，让我们陷入类别的桎梏和限制之中。

回顾童年，还没有太多的"标签"在身上，如果能更长远地看待自己的未来，尽早了解到"被贴标签"的状态，并变被动为主动给自己贴正向的"标签"，对每个人来说都是为自己铺路、改变人生的路径。

在教育孩子进行自我认知的路上，我常常让她们学会主动贴上自己想要的标签。我告诉孩子，喜欢什么样的特质，就主动给自己贴上想要的标签，即使这个标签现在看起来并不合适也要告诉自己，很快你就能拥有这个合适标签的状态。

对于其他自己喜欢的特质和天赋也是一样，先主动贴上这样的标签，你会发现，不久的将来你就会成为这样的人。这看起来不可思议，其实这就是自我认同的力量。

最近一些感觉自己压力大的孩子觉得自己得了抑郁症，需要找心理医生，家长们着急，让我和孩子们交流一下。在和这些孩子交流的过程中，我感觉到孩子只是无法向父母敞开，其实他们很健谈，而且能很清楚地表达自己，而他们所说的抑郁症，仅仅是一些倾向，还达不到病的状态，只要做一些心理建设，就完全没有问题。那么，遇到这种情况，我也会让他们给自己贴上一个更好的标签。

学会贴上新标签、摘下旧标签，不要让任何一个标签束缚了你。这样才能不断突破自我，成为更好的人。

当你对自己现有的标签做一个梳理并重新整合定义，你就能打开自己的限制，为自己腾出新的空间，提升自己原有的天花板，发展出新的可能性。

当然，在审视自己旧有标签的过程中，也许你会感觉忽然不认识自己了，变得混沌、茫然，这都很正常。重新认识自己的过程常会伴随着自我怀疑，这是探索自我的必由之路。在这样的过程中，我的经验是：大胆地怀疑自己，坚定地肯定自己。

对于每个标签你都可以思考一下：它是什么时候、什么场景下来到你身上的，你是怎样认同了它并对你产生了怎样的作用，形成了你的哪些特有习性等。哪些标签已经成为你根深蒂固的想法，从而影响着你的一言一行。

认识到自己的旧有标签后，不用对其进行评判。要知道，你能成为今天的自己，这些标签都是有功劳的，比如我以前的"笨"，至少让我收获了勤奋、努力和执着，虽然我放下了"笨"的标签，不再用"笨"来限制自己，但依然可以保留它带给我的生命品质，只是把在"笨"时的自卑、恐惧渐渐清理升级，不再成为自己前行的障碍。

当我们面临挑战或是自己不熟悉的领域时，我们的第一反应是拒绝，而不是先看看有没有可能性。这是面对未知恐惧时人类保护自己的方式，认识到旧有标签需要改变，第一步就是要面对恐惧心。

我们儿时其实很少有恐惧心，但现在呢？我们有了许多的顾虑，怕迷失了自己、怕错了方向、怕这不是自己的特长、怕不符合社会评价、怕别人对自己评价，给自己添加了许多的不可能的限制条件，从而说服自己直接放弃或者止步不前。人们通常宁愿证明自己的这些想法是对的，也不愿意获取自己想要的结果或扩展自己的未知领域。我们习惯掌控已知的事情，对于未知、不可掌控的事情会感到无力。

要想扩展自己的能力，就应当打破自己的心理惯性，去面对你内心的恐惧，让自己抽离出来，以一个旁观者的身份看待恐惧：在这个问题上，你为什么会恐惧，在恐惧的背后，你怕的到底是什么？找到症结所在，去面对恐惧，学会和恐惧相处。

如果你羡慕他人的才艺，不如从现在开始挖掘自己的。最快地让你成为自己想成为的那个样子，就是从你想的那一刻开始，列出一个习惯的计划，并保持刻意练习。

像存钱那样积累自己的天赋。每个人都想富有，但从不挖掘自己的天赋才华，也不用自己的才华给这个社会或他人赋能，那么金钱也一样不会眷顾你的。

用自己的天赋才华去创造财富，这不但能让你感受到自己人生的价值，还可以让你在快乐的状态下赚钱。因为你清楚，你是专业的，你在用自己的天赋才华为他人赋能，同时自己也获得金钱的回报，你可以获得自己的价值感，人生才会显得更有价值和意义。

想成为一个什么样的人，就记住这样一个流程：想象——去做——获得！

如果你很想拥有某项天赋才华，但工作太忙，没有时间和金钱，我只能说你想得不够，也并不想成为。

如果是这样，你只能浪费原本的天赋才华。

遇到这种情况，你可以问问自己，到底有多想改变自己，如果1到10分来给自己打分，你给自己打几分？没得到的那几分是什么原因造成的？你有什么样的方法可以解决？遇到自己面临的问题，不要告诉自己"不行"，要告诉自己"我可以"，再告诉自己接下来要怎么做。当你给自己打到10分的时候，你的障碍也就解除了，你就能够拥有自己天赋才华的人生！

思考：

1. 什么是你最擅长做的事？

2. 你内心最渴望成为什么样的人？

3. 你的偶像是谁？TA有什么样的特质吸引你？

4. 你与众不同的价值在哪个领域更能体现出来？

5. 如果把你独一无二的特长发挥出来，你会给生活带来什么样的改变？会给家庭带来什么样的改变？

6. 如果把这个扩展再放大一些，你会看到什么？

7. 你会为你所住的城市、世界带来什么样的改变？

尊重内心的喜爱

女儿越来越大了，开始迈向人生不断选择的时刻，也就越来越迈向独立人生的大门。

一晃眼，羽毛儿已经快高二了，也就意味着需要确定高考的学习目标与方向，开始进入选科环节。羽毛儿问我，选科的要点是什么？确实，这也许是孩子迈向人生路又一个选择的关键点，如果选科选好了，可能离一所好大学的门槛就近了一步；如果选择失误，可能原本成绩还不错，也会离好大学远了一些。

我先肯定了羽毛儿对自己选科的认真态度和细致，然后说："妈妈能补充的唯一一点就是：寻找内心的喜爱。"

羽毛儿不解，说大家都在对比哪个学科更热门，哪个更有优势可以进入好的大学，为什么我让她把尊重自己的喜爱放第一位？

我对女儿说起了袁隆平老先生。这位享誉全球的"杂交水稻"之父考入大学时的专业课成绩并不是很理想，后来分配到偏远地区教书，但由于他孜孜不倦地探索和学习，凭借自己对农业的热爱，最终走上一条用生命探索之路，创造出了奇迹人生。

只有发自内心的喜爱，才有动力不断地去研究，并在研究的路上展现最富足的生命状态。

尊重自己的喜爱是我们人生选择至关重要的一步，这也许会违背现阶段社会的热点，或许也不是现阶段最好的科目或最有优势的学科选项，但把你的人生放长远一点去看，一定要学会选择属于内心的答案，不要过多参考社会因素，那些会干扰你的选择。

这样的选择，可能会让你没能把自己的"利益最大化"，甚至可能会让你的人生路暂时显得失利。但如果局限于这些科目带来的好处和机会，那就是把自己放到了机会的背后。

如果你有勇气在每一次的选择中，把尊重自己内心的喜爱放到第一位，那么你人生的方向和定位就会不同。

如果你能始终知道自己要什么，什么是自己内心的喜爱，你就能和自己的内心很靠近，不会因受到外界的诱惑而改变。

家长可以是孩子的参谋长，但孩子永远是自己的司令员。我们需要协助孩子找到自己内心的喜爱，而不是把我们的选择强加给孩子。

不管孩子还是家长，我们每个人都要为自己的生命负责，尊重自己内心的喜爱，有能力选择与决定并接受其后果，让自己的生命因喜爱而富足，充满动能！

思考:

1. 看到"尊重"这个词，你的感受是什么？会想到什么？

2. "尊重"对你来说意味着什么？

3. 你做的哪些事情能体现出对自己的尊重？

4. 你做的哪些事能体现出对家人的尊重？

5. 尊重自己和家人，生活会有什么不同？

6. 在尊重中，如果有你不能放下的，那是什么？

享受人生舞台

每个人来到人世间，都有着独一无二的人生经历，就好像这世界没有两片相同的树叶，漫天飘舞的雪花中也找不出两片完全相同的雪花。

对于我们每个人来说，人生的舞台都是独一无二、非同凡响的，我们是这个舞台的主人。在舞台上，我们要尽力去展现自己，绽放自己的精彩。

我从小就很喜欢音乐，每当音乐响起，就会有心随舞动的感觉。我也常常把自己喜爱的音乐带给孩子们，和孩子们一边听音乐，一边手舞足蹈。在这样的心灵滋养中，两个孩子也慢慢喜欢上了音乐。

尤其是老大羽毛儿，对音乐有种痴迷的状态，常常戴着耳机听音乐，一听就忘记了时间，沉浸在音乐的畅想中，看着她闭目享受的样子，我想那个世界一定很美。

学校里组织的各种声乐比赛她都积极参与，上高中后，她又积极报名参加学校组织的校园歌手大赛。

初赛前，羽毛儿选好了歌曲，打电话问我初赛需要提醒她些什么，我告诉她说要"认真"。羽毛儿一听了就乐了，问我为什么是"认真"，而不是提醒她要注意气息或者演唱的技巧之类的。

我向她表达了我的观点：气息和演唱的技巧，对于现在的她来说已经比较固定，不可能短期内做改变。这个时候提醒技巧要如何掌握，可能反而会因为脑子惦记着这件事，分神无法演唱好。

不管是初赛还是复赛，都要保持认真的态度，认真是对自己的尊重，对舞台的尊重，对台下评委老师的尊重。认真了你就会安心，认真能够让人放空自己去面对，保持谦卑心，减少怠慢心。

进入复赛前，羽毛儿又调皮地问我这次我要嘱咐她什么，我笑笑说："那妈妈再给你两个字：'敬畏'。"

我说："妈妈是想告诉你，要对舞台有'敬畏心'。进入复赛的孩子应该都有音乐基础，自信的同时，自傲心也会同时升起。那么这个时候，就要对舞台有敬畏心。对舞台敬重谦卑，才能平和表达，才能显得不高于舞台，不用力过猛。如果对舞台没有敬畏心，就不可能臣服于舞台，表演就无法和舞台贴合，就没有融入一体的美感，会让整个表演从舞台中抽离出来，让听众感觉格格不入且不舒服。听众要的是和歌曲产生共鸣，而不是告诉听众你有多厉害，这一切都需要对舞台有'敬畏心'才能做到。"

总决赛时，我去现场支持羽毛儿。走到后台时，羽毛儿一看到我就扑进我的怀里。我抱着高大的女儿，显得自己娇小玲珑。

羽毛儿给我指着舞台上一个个她眼里的实力唱将，如数家珍地快速和我盘点着每个选手有多厉害、有多少粉丝支持，学过些什么技巧，声音特质是什么样的，都是学校哪些舞台的活跃分子等，从她的表达中，我看到了她的紧张。

我打断她的介绍，看着羽毛儿的眼睛和她说："宝贝，这些都不重要，这里没有对手、没有观众、没有比赛、没有评委、只有你自己！妈妈再告诉你两个字：'享受'。现在是你去享受舞台的时候了！敞开你的心，用自己最好的状态去享受舞台，忘记你在比赛这件事情，别人唱得如何、别人有多么厉害都和你无关，你只需要用心表达你想表达的歌曲内容就好，其他都不重要。"

羽毛儿听了我的话，深深地吐了口气。她放松了下来，眼神中透出坚定，不再去关注台上人的表演，而是看如何做最好的自己。当我看到羽毛儿自信地站在舞台上时，我就知道，她拿冠军没有悬念。

领奖后羽毛儿很激动。她很好奇，在整个比赛过程中，我没有和她谈过一次需要用什么技巧，需要如何去控场，要如何发挥嗓子的优势、怎么运用呼吸等，在她看来，好像就说了几个和演唱毫不相干的词，竟然能让她发挥出意想不到的效果。

确实，在这次比赛中，我并没有告诉她需要提升的技巧，只是表达了要用什么样的心态去面对，帮她清理了内心的干扰，让她的心更清明，从而激发了她在舞台上的表演状态。

我们每个人在面对自己的关键时刻都未必自信，不自信的原因来自内心底层的声音。

只要能够排除所有的干扰，让内心清明，就可以发挥出你最好的状态，而"认真""敬畏"和"享受"就是让你能在这个过程中排除干扰的几个关键词。

尤其是认真的态度，能让你更细致地对待自己，而不是囫囵吞枣地面对你要做的事情。

我们每个人在自己的人生舞台上又何尝不是如此呢。在技巧和专业上，永远都有比你更专业、更强的人，但认真对待自己的每一次机遇、保持敬畏心去享受生活，才能让我们成为自己人生舞台的赢家！你的生命只有一次，你怎么舍得让它不美丽，怎么舍得让它不绽放！

思考：

1. 想象自己站在舞台上，这个舞台无限扩大、升高，你现在内心的感受是什么？

2. 你最想在舞台上施展你的什么才能？

3. 此刻你有什么明显的感受、变化发生？那是什么？

4. 在舞台上，你能带给世界的价值是什么？

5. 你能给自己带来的价值又是什么？

6. 什么是你最擅长的能力？

7. 如何扩大这个能力？

8. 结合生活，你会如何运用你这独一无二的能力？

9. 能带给你的生活什么改变？能带给他人什么改变？

臣服于生命之流

"妈妈，谢谢你！如果你在三个月前告诉我这些话，我会很生气，但你现在告诉我，我想说：谢谢你！你让我知道了什么是'话在错的时候说对的也是错的'，让我感受到了掉进黑洞又自己爬出来的快乐，现在我终于明白什么是'一切都是最好的安排'了。"这是大女儿羽毛儿上高中后不久和我说过的一段话。

这段话的起因还要从羽毛儿中考前选志愿时说起。记得当初羽毛儿很自信地选择了自己认为最好的那所学校，不管是自招、指标还是第一志愿都填写了这所理想的学校，坚定不移。她认为凭自己的能力，一定万无一失。

看着孩子自信满满的样子，我没有告诉她我预估的结果，毕竟这是她的人生，应该学会自己去承担可能发生的一切。人生那么长，这只是她迈向人生的第一步。

我问她是否能够对自己的选择负责，她坚定地说"能!"因为妈妈没有给她压力，也不会因为面子的问题而干扰她的选择，她也相信自己的能力。听到这些，我想对于人生，她有权力自己做主，也许结果会给她最好的答案，我尊重了她的选择。

中考成绩下来，果然离羽毛儿的期望值相差甚远，她简直不敢相信自己的眼睛，但结果就是那么真切地摆在她的面前，她无法承受这样的结果，郁郁寡欢。

羽毛儿看着比自己成绩差的同学都进了比自己更好的学校，她哭了，很伤心地哭了，仿佛掉进了黑洞。她不甘心，但结果就是板上钉钉的事实，无法改变。

我没有说什么，只是默默地抱着她，看着她在我怀中伤心落泪，任眼泪一颗颗流进我的心里。

开学的日子很快就要到了，羽毛儿仍然没有办法接受现实，她想过重读、重新考好的私立高中。她每跟我说一个决定，我都默默地看着她说："你决定，妈妈支持你。"并没有劝说她接受现实或者给她建议。

最终她还是决定先去上学再做下一步打算。她收拾好心情，迈进了高中的大门，开启了她住校的生活。

每当周末回家，她都会和我说起，校车会经过她理想的那所学校，每次望着那所学校从她眼前经过，内心都仿佛有把刀在划，自己都快有阴影了。每次听羽毛儿这样描述，我的心也仿佛被刀划过，甚至开始怀疑自己当初没有修改她的指标生名额是不是真的做错了。

羽毛儿在搜索朋友圈的过程中,看到每个同学的命运和当初在学校的情况并不完全匹配:有和她一样没有考入理想学校的,也有平时成绩并不出色却考上了超出自己能力范围的学校。在这些学生中,有如愿的有悲伤的。并不是所有的好学生都进了好学校。她不解地问我,为什么会是这样的结果。

我告诉她,中考像一个分流器,把形形色色的学生分流到不同的学校。将来走入社会也是这样的,并不是所有相同品质、相同教育的人在一起,一定是多重层次的组合。

每个人都有属于自己的生命历程。中考也是每个孩子对自己不同的认知而做出的不同选择,有人选择了冒险,有人选择了保守,有人正常发挥,有人失常发挥,这都很正常,也正因为这样,才形成了多元化的组合。

人生就是这样,有峰值期就一定有低谷期。我们应该学会面对峰值时更正确地看待自己,不要让自己膨胀,懂得放下自己的成绩去面对未来;在低谷期要积极去应对,耐心去补充自己的不足,等待更好的机会到来。

学会换一种看法、换一种角度去看发生的问题,也许就会改变现状,也许就会海阔天空。

对于羽毛儿的中考失利,我告诉她,也许在将来的某一天你会感谢这件事的发生,也许到那个时候,你会明白什么是"一切都是最好的安排"。

当我说到这里,羽毛儿陷入了沉思。她一边思考一边说:

"妈咪，虽然你说的话有些我现在还不能完全听懂，但我好像明白了一些。中考的失利，也许是对我的一次考验，让我更清晰地认识自己。我知道我现在只能在这所我不喜欢的学校读书，我改变不了这个情况，我只能改变自己。我不能只看到自己的这次失利，我要看到这次失利中我能寻找出什么对我有利的因素，对吗？那么我想到的是……"

我看着羽毛儿滔滔不绝地讲述自己可以怎么来重新定义现在的失利状态时，她脸上渐渐浮出的笑容。我知道，改变在悄悄地发生了。

从那以后，我再没有听到羽毛儿和我说每次经过失之交臂的那所学校自己内心伤痛的感觉，而是听到她和我分享在学校点点滴滴的生活。

从那以后，羽毛儿每次打电话来，分享的都是在学校中的见闻和自己的收获。有一次，她说学校给成绩排在前面二十的学生拍明星榜照片，她也荣幸上榜了。在去拍照的路上，她看到身边都是知名的学霸，自己竟然也在这队列里，内心无比感慨，思绪万千。

电话那头，我听到女儿既兴奋又疑惑地和我讲述着这一切的发生和内心的感受。我能明白，兴奋的是她的努力被看见了，没有被辜负。疑惑的是就在刚刚过去的几个月前，她还沉浸在中考失利的痛苦中无法自拔。然而短短几个月的时间，她不但适应并接受了这里，还喜欢上了这所学校，这样的转变让羽毛儿觉得不可思议。

从羽毛儿的话语中，我可以感受到女儿在这所学校快乐、满足、自由。她说学校每周都有活动，内容很丰富，这一切都让她深切地感觉到学习是非常好玩并快乐的事情，而且她也坚信，现在的自己能有一个更好的状态去迎接高考。

通过这件事，我和孩子都更能坦然面对未来的不确定性，知道任何事情面向你的时候，都是好或是坏。好与坏都是短暂的，就好比钟摆，不会在某一时刻停留下来。

对于我们每个人来说，沉浸在痛苦中比较简单，真正发自内心地寻找方法才是有力量的表现。我相信，让孩子迎接生命之流、顺着生命之流、臣服生命之流，从中学会坦然接纳、面对、前进，在这样的过程中，孩子会越来越相信自己的内在力量，也会越来越拥有内在的力量。

我想，经历了这次的人生考验，羽毛儿再遇到挫折、不如愿的事情也能够更正面地去思考、去面对，而不会让自己陷入悲伤和痛苦之中。

我相信臣服生命之流，就是通往自我实现的道路。生活很少以我们期待的方式展开，我们不能控制生活中部分事情的发生，这是我们每个人都非常清楚的事实。当你不把思维聚焦在什么是你想要的，什么是你不想要的基础之上，再去看生命会给你什么样的启示和任务时，你会发现，生命中的每个历程都是在成就那个更好的你，对于生命给你的启示，你只需要轻松接纳并顺势而为。

在你的生命之流中，有些旧有事物会以一些看似不情愿的方式离开，而只有释放出了空间，你才能吸引新的事情来到你的生命中。

在家庭关系中也一样，没有无缘无故的遇见，每个家庭的组合都是顺应了生命之流。不知道你是否想过，为什么你和你的另一半会遇到并最终走到了一起？再给你一次选择，你可能还会做同样的选择。

为什么父母会成为你的父母？为什么孩子会是现在的样子？这一切都是因为内在的规律才得以形成。每个家庭的组合都是为了让每个人都更好地看见自己，为了给你们的成长铺路。

如果家庭的某种关系让你不舒服，那就让自己用爱的方式，而不是厌恶的方式去看待，接纳事实是你成长的关键，是为了激发你内心更多的爱来支持家庭的共同成长。

凡磨你的，都是来度化你的。借由成长来处理伤痛会让你明白，为什么你会在生命中遇到现在称为"家人"的人，为什么是你们几个组成了一个家。

当每个人都开始信任生命之流、臣服于生命的规律，家庭的共生状态就会得到滋养，家庭的能量也会拧成一股力量，而不是变成对抗的能量彼此消耗。

拥抱生命之流，就像拥抱四季变化、春夏秋冬一样，每个季节都是美好的，缺少任何一季万物都无法繁衍生息。

思考：

1. 你的人生走到今天，遇到过无数次的"偶然"和"必然"，回顾一下它们之间有着怎样的联系？

2. 这些"偶然"和"必然"，如何成就了今天的你？

3. 从这些联系中你得到了什么样的启发？

4. 这些启发对你的生活意味着什么？

5. 如果人生重启一次，你还会是现在的样子吗？为什么？

6. 如果有个改变会让你的人生不同，那会是什么？

7. 在臣服于生命之流中，你有过什么样的经历？

拥有自己的生活

当有人问我，独自一人既要创业又要培养孩子还要保持个人成长的秘诀时，我的回答是："做妈妈首先要懂得拥有自己的生活，孩子自然会被吸引。"

这个回答可能许多人会很不理解，难道要对孩子不管不问，然后自私地去享受只做自己的事情吗？非也。

你的人生真的要从孩子的出生起就走向终结吗？那孩子是你的天使还是你的终结者？也许你会说，等孩子大了就好了，你就可以有时间去田园生活了、可以去圆儿时的梦想了、可以去周游世界了……

可我们看到更多的是，这一切我们以为"等孩子大了"就可以继续的路，你永远等不到。因为你总觉得孩子有你操不完的心，进入到"无限循环一百年"的状态中。即使孩子懂事了，他的家事完全不用你管的时候，你又会陷入到失落、寂寞、空虚之中，因为你已经习惯了把所有的一切交给孩子，而等孩子不再需要你的那刻，你已经不能适应，也无法快速从这个状态中抽离出来。这时再看看自己，已经到了没有心力去走的年龄了，能陪伴你的只剩下广场舞的音乐声，和一帮老头老太太的相互耳语，或者各种医药保健袭击的声音。你的生命就这样在不知不觉中消耗了。

电视台采访我的时候，我曾经说过，我们培养孩子其实是要培养他们如何能一天天远离我们。当他们羽翼丰满的时候，我们依然有自己的精彩。所以从拥有孩子的那刻起，学会依然保持拥有自己的生活，这很重要！

一、成为孩子的偶像，拥有自己的生活。

要教育好孩子，首先要拥有自己的生活，要让自己活出孩子羡慕的样子。这不是自私地不管孩子，而是要让孩子知道妈妈的人生，是一个心态积极、向往美好、饱满丰富的人生，让孩子在心里种下"我也要活成妈妈的样子""活出自己品质生活"的种子。这就会引领孩子向前走，而不是在背后推着孩子走。当你在孩子的心目中成了这样的偶像人物，教育孩子的路就会更加轻松和顺畅，并走向一条自主发展的道路。

每当有人问我女儿为什么那么优秀的时候，我女儿的回答是："是妈妈遗传得好"，当有人问我女儿的偶像是谁，女儿也毫不犹豫地说："我的偶像是妈妈。"

电影《永不妥协》中的女主，是一位离异两次带着三个孩子的母亲。她有美丽的外表，却没有谋生的技能，让自己的生活一度进入到困顿之中。而最终，她通过自己的行动得到了所有人的尊重以及孩子和爱人的理解。

从这部片子中，我看到了女性的自立、自强，坚持自己才能拥有最终属于自己的一切，包括幸福家庭。

在生活中看到太多女性为了家庭舍弃了自己的工作和职业，结果在家没有发言权，最后人老珠黄，又失去了自己的生存技能；为家付出了所有年华，又面临离婚的结果。

在家庭中，不要因为自己是全职太太或者收入少就觉得自己地位低。你的付出并不比任何一个工作的人要少，面临的麻烦也不见得比工作轻松。要先肯定自己的价值，在家庭中的平等地位，并保持自己的生活状态。

爱和尊重从来不需要用讨好或者自我牺牲的方式去获得，只需要活出你的价值和精彩，你就可以获得应有的爱和尊重。

二、拥有自己的生活，从让自己拥有休闲时间开始

人只有在经历过一些事情之后，才可能真正成长。我以前也曾为了工作不顾一切，也曾从早到晚地忙碌，连一口饭都吃不到，每日拖着疲惫的身躯并看着满目时刻表的排程，把自己生活得很励志……

职场中的女性同胞对这样的场景应该非常熟悉。从睁开眼睛起，

脑子就好像开启的电脑，桌面上的工作一一就位，装满了你的大脑。匆匆往嘴里塞一口早餐出门后，就进入忙忙碌碌的工作之中，"996"后拖着疲惫不堪的身躯回到家中。看看时间表，没有休闲娱乐的内容，快乐总是不能光顾，焦虑、忧愁成了我们最好的朋友，形影不离，在日复一日的忙碌中眼中失去了昔日的光彩。

亚里士多德曾经说过："人唯独在休闲时才有幸福可言，恰当地利用休闲时间是一生做自由人的基础。"

生活也一样。在忙忙碌碌的生活中很难有幸福感可言，想拥有自己的生活，就要给自己留出休闲时光，你才能感受到幸福。

可能有的女性同胞会抱怨："天啊！我的生活太枯燥了，简直没有快乐可言，每天都重复做着那些既无聊又琐碎的事情，这种单调的生活什么时候是个头啊！根本不可能挤出休闲时光啊！"

如果你有这种烦恼，先想想你曾经的休闲娱乐时光都是如何度过的？你可能会说，我喜欢看电影、我喜欢一个人静静地喝咖啡、又或者我喜欢看服装杂志、看厨艺节目，或画一幅画，这都非常好，那么就从让自己的休闲娱乐的时光常态化开始。虽然你可能喜欢看电影，可想想，上一次看电影可能已经是一年前的事情了；虽然你说喜欢画画，可上幅作品可能还是刚毕业工作时画的了……

让你的休闲娱乐时间变得有序和常态化，比如一个月至少给自己一次休闲时光，去做自己喜欢的事情，或者按自己的节奏规定一个频率，让自己通过拥有常态化的休闲时光感受到幸福美好。

亚里士多德还讲过"闲暇出智慧"：有闲暇才有属于自己的自由时

空：独立地思考，自主地发展，自信而能动地挥洒才智，才能心理坦然，心情轻松，这一切是智慧的温床。

休闲时光对于我们每一个人来说都是至关重要的。如果人总是处在紧张的状态中，就会让自己无法放松，就好比开车，脚一直在油门上，从不踩刹车。

休闲时光可以让我们得到暂时的放松和休息，让我们感受到生命的美好、心情的愉悦、生命的值得。要懂得在自己满满的时间表中，把休闲时光变得常态化，让光透进我们烦乱的生活。善待自己，让自己拥有休闲时光是非常重要的一件事情。

三、拥有自己的生活，让生活变得有趣起来。

女人的生活不能太单调，要让自己的生活有趣起来。

至少保持自己喜爱的一件事、一个兴趣，让自己在快乐中得到满足感，让你看着自己不断地进步，不断地鼓励自己，让你的生活不只有单一的色彩，让你在兴趣的协助和陪伴下，拥有灵魂的伙伴。

女人生活得有趣，不仅能让自己生活得精彩纷呈，也会让周围的人感到舒适。我喜欢的女作家三毛就是一位有趣的女人。

在《撒哈拉的故事》中，当荷西问她"想要一个赚多少钱的丈夫"时，三毛回答道："看得不顺眼，千万富翁也不嫁；看得中意，亿万富翁也嫁，如果是荷西的话，只要吃得饱就行，自己吃得不多，以后还可以少吃点。"

在他们的婚礼上，没有鲜花，她就在帽子上插一束香菜。在沙漠的日子，三毛的有趣感染了身边所有的人，她用她的喜好——拾垃圾（她在小学命题作文《我的理想》中就表达过自己要做一个收破烂的）——在沙漠里她实现了自己儿时的"梦想"，到处捡"垃圾"来布置自己的小家，还和有同样爱好的人互换捡来的各种宝贝，把枯燥单调的沙漠生活过得色彩斑斓。她能在细微之处捕捉美好，忘却了在沙漠中求水的困难和生活的艰辛。她把苦巴巴的日子过得很优雅。

你看，拥有自己的生活，并不需要很有钱或者很有闲，从自己内心的喜悦开始寻找，从生活中的点滴去观察，你会发现，当你在生活中撕开一个小口子，阳光会照进来。

不要总想着等有钱有闲的时候再开始，这种想法很可怕。女人会在等待中衰老，那个时候衰老的不只是你的容颜，更是你的心灵。

拥有自己的生活也是对人生的一份尊重。如果你都不知道如何尊重自己，又如何懂得尊重孩子、尊重父母、尊重自己的另一半？如果你连自己都辜负了，如何能做到不辜负他人？

女人要学会从开始妆扮自己的内心、妆扮自己的容颜开始，让自己收集点点滴滴的快乐，用内心对自己微笑，对自己的生活微笑。

让孩子看到一个自信、美丽的妈妈，看到一个知性进取的妈妈，用自己的双手创造财富的同时，依然可以让自己优雅地生活。

试想，这样的人生状态，哪个孩子会不为自己的妈妈感到骄傲，不想成为拥有这样人生的赢家呢？

思考：

1. 做什么会使你的生活充满美好的感受？

2. 这样的感受一天中占比多少？为什么？

3. 如果让你的美好感受变多一些，你会做些什么？

4. 你现在开始做了吗？为什么？

5. 你最喜欢自己的状态是什么样的？

6. 有多少种方法可以让你进入自己满意的状态？请认真列举出来。

7. 从今天开始，你打算从以上列举的哪件事开始？你的计划是什么？行动是什么？

提纯你的爱

一、 我们的爱哪里出了问题？

每当家长向我描述他们为了孩子是如何付出时，我脑子里总有一幅"用台风的力量在吹一片羽毛"的画面。用力过猛使得羽毛在原地动弹不得，而这时你却说："说了多少遍，你为什么不动?!"我想，羽毛也很委屈。

二、 与孩子共同成长

当我们看到亲子关系出问题的时候，是不是可以放下自己的权威，看一看你是否有做到辅助孩子去认识这个世界？你是否有做到陪着孩子一起去探寻未知的世界？你是否有陪着孩子慢慢长大？

其实，"长大"也包括我们自己。我们一样有"内在小孩"需要疗愈、需要长大，我们在陪伴孩子一起成长的过程中，"内在小孩"才会慢慢被看到并一起成长。

三、 爱从拥抱开始

在亲子关系中，拥抱其实是最好的解药，是拉近孩子和父母之间距离最好的润滑剂。

有些家长不愿意给孩子一个拥抱，是因为自己也缺少拥抱。"拥抱"对于他们来说，是不熟悉的，在缺少拥抱的家庭关系中，爱也很少被表达。

有些家长问我如何改变亲子关系或家庭关系，我说，你可以从每天一个拥抱开始，看看自己是否能做到，如果做不到，内心又会如何与自己对话，身体的感受又如何，将这一切如实地记录下来，从中找到自己的答案。

孩子最大的安抚，就是父母的理解和拥抱，这也是爱最直接的表达方式。一个拥抱可以让孩子感觉到被支持、被爱，可以释放孩子的压力，也同样可以让家长和孩子的心更靠近。

家庭中需要拥抱，拥抱不仅仅是面向孩子的。想想除了孩子，你有多久没有拥抱过你的父母、你的爱人了？拥抱能拉近彼此的距离，让家更有爱。

四、 提纯你的爱

"爱"是一个永恒的话题。什么是爱，我相信每个人都有不同的理解。

每个家庭都因爱而走到一起、聚在一起，但好像又在爱中迷失。这因为在爱的过程中，我们过多关注占有、找公平，把"爱"给赶走了。

如果能舍弃"我"和"我所有"的念头，那么就能除掉爱中的杂质，掐去恶念的花苞。

内心的宁静来自于无条件的爱。如果你在寻找、索取爱，就是认为自己没有爱，而带着匮乏的能量是看不到爱真正的样子的。当你充满爱，爱就会无处不在，不需要你刻意去寻找去索求。

我们都希望给孩子最好的教育，但教育的本质不仅是教育孩子，更是唤醒自己。在教育孩子的同时，只要用心陪伴、用爱关怀、让你的爱成为孩子的家，你就可以收获一个拥有独立人格、开心快乐、健康积极的孩子，和一个更好的自己！

思考：

1. 你对孩子的初心是什么？

2. 你的孩子几岁了？你对 TA 的初心有变化吗？

3. 你对孩子的爱有哪些条件？这些条件意味着什么？

4. 你如何辨别某件事到底是你的问题还是孩子的问题?

5. 你对待孩子的方式是否符合 TA 的发展方向?

6. 你是如何了解孩子的感受的?你是如何了解自己的感受的?

7. 你允许孩子的情绪流动吗?为什么?

8. 如果你的情绪流动,你会看到什么?

9. 如果你和孩子发生冲突,将时间放长一点再来看,眼下的问题还那么重要吗?你可以做些什么,让这次冲突发生改变?你不允许、不接纳的是什么?

自律成就自由

"时间自由、心灵自由、财富自由"似乎成为现代人的终极梦想。从容淡定、有条不紊是每个人向往的生活状态。现实生活却好像总和我们捉迷藏,把我们向往的生活隐藏在了各种诱惑之中,让我们陷入迷雾,找不到方向。

我们在这个物质极其丰富的世界中活得并不轻松:买车买房、赚钱养家、赡养老人、教育小孩、请客吃饭……这一切像是枷锁,桎梏了人们的灵魂。人们在生活的涡流中不断妥协,远离自由。

自由仿佛是一个氢气球,原本拿在手中,随着我们长大,却越飞越远,直到从我们视线中消失,彻底失去了它。

在成长的过程中,我们给自己设定了无数的目标——从身材管理到武装头脑,从财富管理到生活规划,但做了计划到头来却一样都没有实现:常常感叹喊了十年的减肥,身材也没有丝毫的变化;每次告诉自己不要让情绪成为自己的主人，结果一回到家看到不如意就大发雷霆；告诉自己要武装头脑多阅读，买了一堆的书，等尘埃落满了书的扉页也没有翻阅过……

大多数人总是幻想着解决了所有的现实问题，就能获得最终自由。所以总是习惯把"等我有了钱、等孩子大了、等我有了时间"挂在嘴边，但这一天总是迟迟无法到来。

你设定了太多的限制因素和枷锁捆绑自己，而不让自己去触碰内心真正向往的自由，仿佛自由是一件触不可及的事情，是一件永远都得不到的奢侈品。

如不认真对待自己的人生，我们就会被人生反噬。

记得在一次课程中，老师让我们总结自己的人生走到今天，令你最满意的是什么？我回顾了自己的前半生，认为令我最满意的就是自由。身边的朋友们也多次向我表达羡慕我的自由，问我怎么可以做到随心所欲，在他们眼里，生活中的各种困惑和考验并没有让我成为困兽，反而生活得很惬意。我的回答是：要想随心所欲，先要学会严于律己。

"随心所欲"和"严于律己"这两个词，看起来好像是矛盾体，其实不然。你越有计划地来规划自己的一切，能凭借自律成为自己的主人，你就越会感觉到自由。自律能让我们对自己的人生有更多的掌控。我们能更合理地分配自己的时间、工作、爱好，让一切更有序，在有序中，自然就能让自己更加自由。

自律是自由的基础，自律是需要你对自己的人生负责，对大大小小的事情都拥有主人翁意识，在这种意识的驱策下，你会更倾向于做对的事。

强大的自律能力令你产生信心（起码你知道如果失败，该为此负责的就是你自己）。从而会推动你获取更多维度上的自由。

美国著名社会心理学家罗伊·鲍迈斯特研究得出，目前主要的个人问题和社会问题，核心都在于缺乏自律。

缺乏自律不仅会影响我们的生活品质，还会让我们的幸福大打折扣。自律是解决人生问题的关键工具，自律可以让你的生活不再凌乱，情绪不再失控，心灵不再空虚。

富兰克林也说过："我从未见过一个早起、勤奋、谨慎诚实的人抱怨命运不好；良好的品格、优秀的习惯和坚强的意志，是不会被假设所谓的命运击败的。"

如果你真的想拥有自由，那么从这一刻起，就可以开始了。按照自己设定的方向去严于律己、去掌控自己的生活，幸运女神就会向你招手，自由也就离你不远了，你就能让自己展现出你想要的随心所欲。

我们常常看到一个人的优秀、自由，是看到这个人能够自由地支配自己的时间，可以随心所欲地做自己想做的事情。但我们看到的只是表象，殊不知背后隐藏了多少令人叹为观止的严于律己，住着一个怎样克勤克劳的灵魂。

想要成就自己、成为一个严于律己的人，第一步是要给自己设定一个心中的目标。

这个目标是你心中想要的，而不是别人给你设定的。这个目标不是活出别人眼中的自己，而是活出自己喜欢的模样。

一个心中拥有目标的人，便会使自己不太留意与之不相关的烦恼。这会使你变得豁达而开朗。

人只有心中有目标，才能聚集内心所有的力量和方向。

我一般对待给自己设定目标这件事儿上，会用给自己写信的方式：就是给未来的自己写信。

给自己的未来写信，是让自己身临其境地去想象你想成为的样子，无关乎别人对你的期待，无关乎你曾经有的经验，是你真心喜欢自己的样子。把这个样子用文字描述出来，让文字给你方向。

信中描述的是自己喜欢的样子、想成为的样子。也许在写信的时候你会觉得，我可能成为那个样子吗？这不可能吧?！先不要否定这种可能，不要用你现在对自己的客观的判断去设定，只要专注于你想要的样子，那个让自己舒服、让自己喜欢、让自己想起来就愉悦的样子。去感受那个未来的自己会从事什么，是如何生活的。

当那一天真的到来时，你会发现信中的许多内容真的已经成为你生活中的一部分了，那感觉实在太美妙了！

当目标设定完之后，第二步就需要习惯来支持你对达成目标的实现。

大多数人一看到"习惯"这个词就头疼，觉得习惯很难养成也很难坚持。可是你要知道，如果你不坚持好习惯，就等于在成就坏习惯。坏习惯会带给你熵增的人生，只是你不自知罢了。

"天下古今之庸人，皆以惰字致败，天下古今之才人，皆以一傲字致败。"要想不成为"庸人"，就要去掉"惰"字。

斯蒂芬·盖斯在每天开始写 50 个字的小目标的推动下，写出了畅销书《微习惯》。这本书倡导的是：每天只做一点点的无负担习惯养成法。讲述了如何从微习惯入手，来养成持之以恒的习惯。

这本书讲述作者本人是个天生的懒虫，为了改变这一点，他开始研究各种习惯养成的策略，最终找到了"微习惯"的方法。

作者发现，目标大时，人会有恐惧感，会退缩和放弃。可如果把目标细化到仅仅是一天 50 个字，或者是一天只背 1 个单词，只做 1 个俯卧撑，你就不好有什么借口去推脱了。这样自律就会渐渐被养成一种本能。

当养成严于律己的行为习惯之后，你就可以主宰和调整自己的时间、空间来满足自己"随心所欲"的自由。这种自由除了让你能做更多自己想做的事情之外，还能成就你更深层意义的自由，这就是灵魂的自由。

灵魂自由的人，可以通过不断提高自己的人格修养，让自己的心胸更宽广、对这个世界有更深层的认识、用更多元和宽容的态度去看待自己周围的人和事。

深层次的自由会让你不管你身处何处，心都是愉悦自由的、意志都是自由的、思想都是自由的。会让你坚定、勇敢、乐观、团结并且永远微笑。

最后，送上撒切尔夫人说过的一段话：

小心你的思想，因为它们会变成你的语言

小心你的语言，因为它们会变成你的行为

小心你的行为，因为它们会变成你的习惯

小心你的习惯，因为它们会变成你的性格

小心你的性格，因为它们会变成你的命运。

思考：

1. 你渴望自己成为一个什么样的人？

2. 你还需要为目标做哪些努力？

3. 什么习惯是你要放下的？什么习惯是你要拿起的？

4. 阻碍你的是什么？如何突破？

5. 如果阻碍消失了，坚持哪些事情会给你的生活带来巨大的改变？

6. 你准备好开始了吗？

7. 24 小时内，你会做些什么事来让改变开始？

8. 一周你会做些什么？一个月呢？

时间"收纳盒"

　　时间对每个人来说看似是公平的，不管你的地位如何、拥有多少财富和有什么样的身份，都只能看着时间分分秒秒地从你身边流逝，没有丝毫商量的余地。

　　人们感叹时间怎么都不够用。最终是工作也没做好，孩子也没陪好，自己又陷入自责自恨之中，郁郁寡欢，在烦恼中无法自拔。

　　我也曾被一堆繁杂事左右拉扯着无法自拔。为了让自己从乱如麻的事件中抽离出来，我开始反思如何把自己的事情归类，进行分格管理、优先排序，从而来划分占用的时间比来进行取舍。

　　我开始把每天必须要做的事情全部列出来，然后对于自己未来的计划和安排也都列出清单。看着满页纸的事情和梦想，确实很难抉择，感觉每件事都不能少，每件事都很重要。这让我陷入了沉思：我不能在每日做纷乱的事情中消磨自己的一生。

想到这里，我再看看这满纸的事情，有了些眉目，把当初认为人生中最重要的那几件事情排序到了最前面。

我们都有过买整箱的经验：买了一箱梨，打开后有几个就要坏了，一般人都会选择先把那几个吃了，可等吃完快坏的梨，箱里其他的梨也在逐渐变坏，这样你就总是在循环地吃着快坏的梨，永远吃不到一颗好的梨。

我要做的，就是从这满纸的事情中，把那几个"快坏的梨"选出来丢掉，把时间尽量聚焦在"好梨"上。

我们很容易被紧急的事情所迷惑，紧急的事情会给我们紧迫感，但这种事未必重要，对你生命的意义和价值都不大。紧急的事情做多了，会没有成绩，也无法拔高自己，就好比在职场中，虽然一项工作做了十年，却只是一年的工作经验重复了十年而已，并不是拥有了十年的工作经验。

说到这里，我想大家应该能够明白，这就是我们为什么会把自己变得那么忙。教育孩子是重要，但不是紧迫的事情，过程很慢长，不是立刻就能看到结果的，所以许多家长会选择：我先工作，等到孩子大了，懂事了，我再自己教育。但等到那个时候，孩子早已错过了最好的教育年纪，可能会变成问题儿童。

关于将重要的事情分离出来这点，我们要多向扎克伯格学习，他每天都问自己这样一个问题：我现在做的，是我所能做的最重要的事情吗？

只有在获得了肯定的答案后，他才会感到舒服，感觉自己的精力和时间没有白费。这是一个不断自我刷新的过程。

时间收纳的第一步，就是要明确什么是你最重要、必须要做的事情，然后把这些事情最先放入"收纳盒"中，并安排50%—60%的时间聚焦在这些事情上。

只有我们真正清楚了自己生命中重要的事情后，才可以有效地进行时间优化，让我们所做的事情最终进入到良性循环之中。

时间收纳的第二步，即"收纳"和确定好这50%以上的时间都要用来做什么以后，再学会规划余下的"零碎时间"。

总有一些像被剪刀剪开了的零碎时间，我会把这些零碎时间都记录下来，并看如何填充这些零碎时间，让这些时间有效地服务于我。

时间收纳的第三步，即挤出"海绵里的水"。

记得鲁迅曾经说过：时间就像海绵里的水，只要愿挤，总还是有的。

想要挤出"海绵里的水"，第一步就要先发现它。

学会记录时间是一个很好的方法。你可以画一个圆，把时间刻度写在上面，然后把每天所做的事在上面标出来，看看你每天把时间都花在了什么地方、有什么可以调整的地方。这样做，其实是便于我们做统计分析。

"海绵里的水"常常是我们经受不起诱惑而被"吃掉"的时间。

手机算是一大诱惑，有数据显示，人们每天平均打开手机看页面的数量是256次，按开启建大概是80多次。这些时间如果用来读书或者陪伴家人，我想，许多人的亲密关系和亲子关系就都解决了，想减肥塑形的人，身体状况可能也让自己满意了。时间是有限的，我们只能有取舍地去选择，当你选择游戏，就会减少读书；当你选择社交，可能就会失去沉思。我们总要在这之中做出自己的选择和取舍，才能专注于成为自己想成为的人。

挤出"海绵里的水"的第二步：建立自己的时间表。

发现自己的"海绵里的水"后，就要对时间进行重组。统筹好自己的时间，在已经通过取舍之后的事件中，建立自己的时间表。

做时间规划主要是要学习打磨时间的颗粒感。要对时间有概念，不让时间白白从你身边溜走。

时间的"颗粒感"是一个人安排时间的基本单位。越是自律的人，时间颗粒感越细。我们要不断优化时间颗粒感，才能更有效率地去安排自己所有的生活。

列时间表的好处是，可以让你在思想溜号的时候把注意力拉回来。在你可能受到诱惑的时候，看看自己的时间表，还有没有没完成的，把自己拽回来，这样你就能按照已经设定好的方向不断前行。

最后我想说，学会时间收纳之后，还要让你的时间有质感，学会控制时间，让它张弛有度，不要让时间控制了你。

经过时间整理之后，你将越来越会管理自己的时间，对于优先排序也会更有感觉。这个时候，你可以开始学会给自己放假。这样会让自己既有成就感，又能满足生活的品质，让自己的时间有质感。

在时间收纳的过程中，合理规划、优先排序、定期复盘、调整顺序、继续取舍。不断地检查和调整，确认自己的方向是否还维持原样。

让时间能够有效地服务于我们人生中最重要的事情，让自己不至于到了某天会发出"时间都去哪儿了"的感叹。

思考：

1. 你对自己的时间管理满意吗？为什么？

2. 拿出8—10张名片大小的卡片，写出一生你认为最重要的8—10件事情，然后背面向上洗牌，逐一摆放在面前，翻出其中一张，问问自己，为什么第一张会是"它"出现，对你来说意味着什么？你在这上面花了多少时间？再翻出第二张，看看与第一张有什么关联？为什么第二张是这张卡，与你现状分配的时间、精力是否相符？逐一翻开所有卡片，每翻一张，重复问以上问题，当所有卡片翻出后，再逐一舍去，舍去时也问问为什么是这张？当剩下最后三张卡片时，审视一下自己现实生活中花的时间比例在这三件事上是多少？为什么？你将做如何的调整来改变？

搭起沟通的桥梁

一、好 好 说 话

在家庭中，每个人都离不开说话，可每个人也害怕说话，因为一旦话说出口，可能就会说多错多、引发矛盾，这在每个家庭中仿佛都司空见惯。

可能你会说，好好说话主要是情商问题，如果情商高、说话有技巧，在家里就会说出讨喜的话，让大家开心；如果情商低，在家里说什么都是错的，反而会变成众矢之的，只能落得一地鸡毛了。

其实，好好说话与情商无关，而与说话中的"确认"与"核对"有关。我们在和他人说话的模式常是：反正要说的我都说了，听不听那就是你的问题了，我说的都是为了你好，我说的都是客观事实。尤其是在家庭，和孩子、伴侣之间的沟通更是如此，所谓的沟通，基本上可以称之为"通知"，对方是否阅读了，仿佛并不重要。

其实这反映了我们说话中的一个普遍问题：你说你的，我说我的，你说的和我听的未必有一致性，我说的未必是你想听的，你想听的未必是我想说的。"说"和"听"之间是有错位的，也许会有部分交集，但一定不是全部。

在家庭中，我们常常会有这样的感受，本来两口子刚开始还心平气和地好好说话，可到后来就会有类似这样的对话：

"我都说了多少遍了，你就是不听？！"

"你什么时候说过？！我怎么不知道！"

可能夫妻两个刚开始还是想开玩笑彼此拉近距离，或者想好好商量件事情，结果由于"听"和"说"的不统一，造成了双方理解上的错位，就开始翻旧账、争对错，在争输赢中，偏离了最初沟通的轨道。

我们说话是为了和人亲近，并非疏远。可我们常常说着说着就跟人疏远了，尤其是和自己更亲密的人。

沟通无效的结果，要么是吵架，要么是妥协。妥协看起来似乎好些，转移了话题，避免了吵架的发生，挽回了夫妻关系或者同事关系。而事实上，妥协并不代表沟通到位，反而是关上了沟通的通道，因为问题还在，并不因为你的转移话题或妥协而消失。

如果在说话的过程中没有关注到对方想表达的是什么，那就只能是自说自话了。说话和沟通的区别在于：说话是单方向的，沟通是双方向的，为什么我们把沟通、交流比喻成桥梁，那是因为桥是互通往来的。

二、要想"说"好，要先学会"听"

市面上存在各种情商课、说话课相关的书籍，人们希望通过这样的学习来改善自己的交流，毕竟人是群居动物，为了避免孤独就需要交流。

沟通在家庭中尤为重要，但几乎每个家庭都会在沟通中陷入困境。到底要怎么"说"才能达到有效的沟通？

有这样一个小故事：有一名对上帝非常虔诚的牧师很努力地传教。一天，他乘出租车前往传教的目的地，他上车后发现这位司机开车非常不守规则，野蛮、超速、逆行。

牧师立刻开始祈祷，但他的祈祷并没有起到作用，还是出了车祸，车毁人亡。两个人到了天堂，迎接他们的使者指着一座巨大的豪宅对司机说，这是你的房子，然后又指着一座又小又破的房子对牧师说，这是你的房子。牧师觉得很不公平，委屈地问使者："都是那个司机不守规则才让我们双亡，而我一生都在传教，为什么给这个野蛮的司机住豪宅，而我却住这么一座破房子？"

使者说："你虽然一辈子传教，但每次听你传教的人都睡着，而坐上他车的人却在祈祷。"

这则小故事看似一个笑话，却告诉我们，说话要有人听才有用，我们说话的目的是传递信息，你传递的信息只停留在你说的这一边，没有传递过去，那就是无效的。

三、点头、微笑、不语

有一则小故事让我感触很深：这是来自一位行者的故事，据说这位行者走遍了全世界，探寻了 28 个世界最美的地方，按他的说法，去过了这 28 个地方就死而无憾了。

记者采访他时问道："在这 28 个地方之中，你能否给我们分享下你印象最深刻、最美的地方呢？"

行者说，他认为最美的地方是一个印第安人的部落，这里保持着原汁原味的印第安印记，文化、自然风光都很原始、很美，但真正打动他的并不是这里独特的文化和美丽的风光，而是接下来在发生的画面……

每天早晨太阳升起，朝阳照耀在这片美丽的土地上。部落中间有一块非常大的空地，原住民们会从住的地方出来，在这块空地上散步、晒太阳。他们很安静地走着，行走的前方如果出现了另一个人，他们就会彼此关注，点头、微笑、不语，然后彼此交错，继续前行。

过了很长一段时间，他们各自散开。有的人去了农田，有的人去了山里，有的人回家做家务。整个白天，部落非常安静，偶尔有人小声细语，很少能听到很大的声音。

夜幕悄悄降临，部落中的人们像变魔法一样，同时出现在了这块大草坪上。这些人继续散步，重复着早晨的动作，每个人依然是看到迎面来的人彼此关注之后：点头、微笑、不语……

在接下来漫长的时光，这个大家族的人就一边享受着篝火的温暖，一边喝着自酿的美酒，他们分享美酒的方式也是如此安静：一个人拿起木桶喝上一口之后，就传递给下一个人，在这个过程中保持两人连接的依然是：彼此关注、点头、微笑，不语……

木桶就这样一圈一圈地传递着，美酒就这样一点一点地减少，直到最后，篝火慢慢变小，木桶里的美酒也饮尽。所有的人缓缓站起身来，然后他们点头、微笑，不语，各自回去休息了。

讲到这里，这位行者说："这是我看过的最美、最温暖的画面，虽然他们从早到晚在相聚的漫长时光里没有说过一句话，却让我感受到了人与人之间真正的、最美妙的沟通。"

是啊，当两个人在交流的时候，你只需保持点头、微笑、不插话，仅此而已。这比你说任何语言都能打动对方，让你们的内心更敞开。

有时说话并不一定要开口，心灵的感应也是沟通的一部分，安静地听对方嘴里说的、感受对方内心的渴望，用心和对方表达，去体会一下人与人之间真正的、最美妙的沟通！

思考

1. 最近一次吵架是什么时候？原因是什么？

2. 回想这次经历，你有什么新发现？

3. 你的沟通模式是什么样的？

4. 最让你印象深刻的一次沟通是什么样的？发生了什么？

5. 你此时最想和谁沟通？为什么？

6. 你最受不了沟通中对方说什么？为什么？从中你发现了什么？

7. 你准备好了吗？开启沟通的法门对你来说是什么？

如何让金钱爱上你

一、 欲望的海水越喝越渴

儿时，我很喜欢《渔夫和金鱼的故事》。

这个故事给我的印象非常深刻，让我从小就知道贪婪的结果是一无所有。长大后明白，这个故事是渗透在我们生活中的真实写照，我们对物质的欲望总是没有止境，就好像故事中的那个老太婆，总是拥有了一样，就会想要更好的。欲望就像那海水，口渴了去喝，结果越喝越渴。

太多人都被金钱的压力压得喘不过气来，仿佛永远都追不上金钱的脚步。而我们不断工作、不断努力，却总也达不到自己的目标和结果，使得我们总也无法停下脚步去享受自己的人生。

金钱最初是人类创造出来的工具，而不是我们的主人。但在历史发展的过程中，我们对于金钱的概念本末倒置了，我们为了追求金钱而陷入无限的空虚疲累之中，忘了自己最初的梦想，忘了自己最初赚钱的目的，最后只能在追逐金钱的过程中换来一声声叹息。

对于金钱的困惑，并不来自于金钱本身，而取决于你如何看待它。大多数人对于金钱的概念都来自于我们的潜意识，即那个模糊的"更多"，我们可能真的没有停止下来思考自己到底需要的是什么，或者说赚钱到底是为了什么，如何能够轻松致富。

二、你是创造财富的根源

有这样一篇小故事：年轻人向老人抱怨自己什么都没有。老人说，那你用双手和我换吧，我给你想要的，年轻人不肯；老人又说，那你拿双腿和我换你想要的吧，你要什么我都可以给你，年轻人依然不肯；老人不断换着年轻人身上的部位让他拿出来交换，年轻人都不肯。最后老人说：你是多么的富有啊，你拥有双手、双腿、健全的身心，你拥有了这一切为什么不去创造呢？你什么都不缺！为什么还要抱怨?!

这个小故事让我体会到，我们很难看到自己拥有什么，更多是寻找自己缺少的东西。然而，你寻找的只是你觉得别人有，所以你也应该有而已，未必是你真的需要。因此，我们把视线转移到了外面，没有看到自己的原本富足。

如果你认不出自己才是创造财富的根源，那么即使你待在风水宝地、坐在金山上，你也会苦苦煎熬，看不到自己的丰盛。

在和金钱的关系中，我们可以另辟蹊径，找到自己的兴致所在，不要让自己为了追求金钱而陷入无限的空虚疲累之中，让自己原本应该美好的一生变成疲于奔命寻找刺激的一生。这不是我们来到人世间的本意。

在任何一个法则中，并没有规定你拥有多少钱才可以开始拥有美好的生活。任何时候都可以先思考你想要什么样的生活，再考虑如何去创造。

许多时候，我们都在用很大的力气去创造很小的成果，这样其实不值得。你可以在创造中慢慢找到平衡，知道自己用多大的力气去创造多大的财富，让自己把钱和能量更好地运用到平衡之中，把自己解放出来，享受你值得拥有的人生。

三、和金钱谈恋爱

我相信恋爱是人类共同美好的话题，说起这个词，每个人脑海里浮现出的应该都是美好时光。爱给我们力量，给身心愉悦的状态，我们滋养在爱中，感觉生活都会更有创意。

在金钱的关系中，要像谈恋爱一样，让自己舒服。如果你带着恨、负担、羞耻心去赚钱，我想金钱也一样会有不舒服感，而对你敬而远之。

要想转变和金钱的关系，就要重新看待这些问题：你和金钱是敌是友？是远是近？是爱是恨？你有认真去看待过自己对金钱的态度吗？

有着怎样的信念？这些信念在你创造更多财富的路上是如何对你说话的？

你是否常常听到以下的这些声音：

1. 吃得苦中苦，方为人上人。赚钱就是要靠苦功夫；

2. 给自己花钱买贵重物品，兴奋的同时又有罪恶感伴随，兴奋感过后就自责；

3. 钱是省出来的，只要我多节省些，就能攒下更多的财富，不允许给自己买喜欢的东西、不允许自己有丰盛的感觉；

4. 即使现在比以前富有，还是无法拥有足够多的安全感，总觉得还不够，还需要更多；

5. 推销就是让我从别人的腰包掏钱出来，别人会怎么看我？

6. 我有高学历，我是高雅的，我不能与"铜臭"为伍；

7. 当你拥有了相对满意的金钱数字后，钱又会以各种各样的方式离你而去；

8. 对于父母的金钱观很厌恶，但发现这些观念无时无刻不影响着自己，无法抛弃。

如果你也有以上这些和金钱对话，那么你就该给金钱写封情书了。

1. 给金钱写情书

想看清你和金钱之间关系最好的方式就是：给金钱写情书。

像对自己的恋人一样对金钱表达你的心声，和它交流，可以从你开始和金钱相遇时写起，写下和金钱交往过程中的点点滴滴。

我相信在写信的过程中，你可以看到与金钱的关系是如何形成的，你们的距离如何，也可以看到你在金钱能量中堵住的地方。

你可以通过这样的方式，感受自己和金钱能量在一起的每个时刻。想想在生命的历程中，当你因为感觉收入和付出不平衡、不舒服的时候，你身体是不是也有相应的不舒服感。

这些不舒服感中，就存有阻碍财富流来到你身边的障碍。这些障碍会直接进入你的潜意识，阻碍金钱流向你。这样的潜意识还会传染到学习、工作和对待自己的投资方面。

在给金钱写信的过程中，寻找这样的障碍，找出原因，让你的能量用在更值得的地方，让自己感受到内心舒适，并要学会看到自己值得拥有的，让能量顺畅地从你体内流过，打开财富的通道。

用心给金钱写情书，描述出你们相处时的所有感受。

你若感到自己内心匮乏，觉得自己的钱还不够多，那有可能是你对自己赚钱能力的不够信任，这是你在金钱流上给自己建造的一堵墙。

看到你在金钱流中给自己设的限制，相信自己就是丰盛的源头，相信自己的创造力会源源不断地给自己创造财富，相信自己和金钱的关系会通过给金钱写情书梳理得越来越顺畅，那么你的金钱管道就会渐渐打开。

2. 花时间滋养自己

人们常说"见钱眼开"，而在我看来，眼开了，心就盲了。当你眼中只有钱，心就不再被滋养。

如果不滋养内心，你期待中轻松自如的后半生不会出现。在工作的疲累和压力下，你的身体会产生大量的压力，这些压力会在你和金钱不舒服的地方沉积，也就形成了一些身体的隐形疾病。

在和金钱的关系中，不要给自己带来太多的贪婪，这会让钱快速离开你，并形成内心的黑洞。

滋养自己的内心，要懂得付出即收获。

爱默生曾经说过："人生最美丽的补偿之一，就是人们真诚地帮助别人之后，同时也帮助了自己。"

当你开始给予，你会发现自己没有想象得那么匮乏，你会开始相信自己的丰盛和创造。如果我们把注意力放在如何付出、对他人更好上，金钱流就会源源不断向你涌来。

学会宽容地看待身边的一切，在合作的过程中不要计较付出。你最终收获的结果会和你的付出成正比，这个世界的法则从来不会让真正用心付出者"吃亏"。在付出的过程中，你会看到自己展现出的力量。

付出能让人发自内心地喜悦，这种喜悦不是居高临下的施舍，而是能够体验到自我价值感的内在震动，发自内心的喜悦能滋养你的内心。

3. 带着祝福的心花钱

我们赚钱时很努力，花钱时会不舍。

如果说你在花钱的时候想到的是失去的痛苦，你的潜意识就会告诉你创造财富的能力不足。如果你能带着祝福的心去花钱，每花一笔，都想象着这笔钱推动了整个金钱流的游戏，这笔钱会以其他途径翻倍地回流到你这里时，你就是在潜意识中植入"我是有创造财富能力的人"的概念，并对自己能够创造财富表示信任。

钱并不会因为你花了就真的失去了，货币最初只是人类创造出来代替以物易物的工具，所以你花出去的只是用于能量转换的工具。

带着祝福的心去花钱，实际上是在增强你对创造财富的内在力量，对自己产生更多的信任。

当然，这不是让你花钱不眨眼，而是要根据自己现金流的情况和以往的习惯，不断扩大自己信任的管道。

4. 信任自己的能力

在现实生活中，我看到许多人都在等时机，这个时机仿佛是"等我中了彩票，我就可以开始做我喜欢的事情了"，或是"等我的老板给我升职我才可以获得我想要的""等我有钱了我就可以如何了"。

仿佛所有的开始，都要从外界获取，都要等待，那么等待的到底是什么？其实是对自己的不够信任。

如果你真的相信自己，那么你根本不需要等待任何的外界条件。如果你只会等待外在的条件，那么就是把自己的力量交了出去。

要相信自己是非常有力量的。大学的时候看到学校宿舍墙上贴的一句话："自信是成功的一半。"看到这句话的时候，我整个身体都有被点燃、充满能量的感觉，这句话激励着我不断走向自信的道路。

是啊，如果连你自己都不能相信自己，谁还会相信你呢？

5. 打开财富思维

经济基础是家庭的重要根基，这点无可厚非。每个家庭都在为了获得更好的生活品质而不断努力工作，但在和金钱交往的过程中，我们好像和金钱有着并不轻松的关系。

在创富的路上，我们又怕输又怕赢。虽然我们口头说要更多的钱，患得患失却使我们止步不前，最终只敢小试一把，让自己始终待在舒适区中，失去了创造价值的可能。

曾经读到过这么一段话，很有感悟："人与人之间的差距，表面上看是财富的差距，实际上是自我价值的差距；表面上是人脉的差距，实际上是人品的差距；表面上是气质的差距，实际上是涵养的差距。"

当你内心的境界不同了，你和他人的距离也就会拉开。内心的境界和对自我价值的认可，才是决定你命运的真谛。贫穷会限制你的想象力，同时也会限制你的经验，限制你追求生命的品质以及对待生活的品位，直至限制了你的眼界和胸怀。贫瘠的思维是种不出丰盛的果实的。

当你限制了自己的财富思维，那么即使财富走到了你面前，你也不可能看到。你的认知层次决定了你的财富层级，你永远赚不到超出你认知以外的财富，这个世界并不缺少财富，只是缺少发现财富的眼和创造财富的心。

6. 表示自己是个有价值的人

当你打开了财富思维，更信任自己的创富能力时，你就会更完整地展现自己，就会更热爱生活。

我们常常看不到自己的价值，而做着你"以为"生活中"应该"做的事情。

去看看"应该"背后是否还有新的选择，不要被"应该"这两个字束缚，限制了你看见自己价值的可能。任何时候你都可以去选择让你内心舒服的事，而不是贴上"应该"的标签。

请相信，当你放下"应该"，你就开始寻找自己的价值所在，而不是被困在"应该"的局限下。

7. 竞争性思维转变为创造性思维

在商业中，我们总是让自己陷入乐此不疲的竞争，总是想着自己的竞争对手，总是用低价竞争的方式来获得客户，但这样的结果是两败俱伤，最后都无法获得金钱的满足。

现在的社会越来越走入一个共享、共赢的社会发展趋势，要知道，财富永远不会枯竭，只有你的思维会枯竭。

想想人类发展至今，商业和财富都在不断地升级和创造，尤其是现代社会，竞争和垄断并不能带来更好的价值和社会意义，各个商业的发展最终都会进入到融合的状态。

从做自己喜爱的事情出发，来寻找自己的职业生涯。我们可以通过观察自己做什么事情最快乐来寻找自己的职业，发展出自己独一无二的商业路途。

如果能尊重并运用自己的天赋才华，我想每一个人都能获得事业上的成功和金钱上的回报。至少当你做喜爱做的事情时，你不会在内心产生抗拒，好像在为别人做事，这样体内消耗的能量会减少，能量就会集中在创造新的点子上。

从自己内心的喜爱出发，给自己写一张未来的支票，看看愿景的画面和数字是什么？画面和数字会成为你的吸铁石，吸引到你想要的金钱，并使你的天赋才华清晰。

学会用恋爱的心情去创富，你会收获不一样的金钱能量，能找到自己的天赋才华并认出自己的价值，转化成自己独有的丰盛。

如果能做到以上几点，恭喜你，你开始让金钱爱上你了。之后你需要做的是：给你的未来填写一张支票。问问你的内心，你的数字是多少，想清楚你想用它来过怎样的生活，可以播放你喜欢的音乐来想象在未来的那年拿到真正支票的场景和你喜悦的感觉，让今后只要这首音乐响起，拿到支票的场景就会浮现出来。

思考：

1. 你和金钱有着怎样的关系？为什么？

2. 你赚钱时的感受是什么？

3. 你花钱的感受是什么？

4. 如果你和金钱有一种关系需要被改善，那会是什么？

5. 你现在的职业符合你的天赋才华吗？

6. 金钱的背后，你想实现的人生愿景是什么？请仔细描绘出来。

开启幸福盲盒

一、前方没有一个终点叫"幸福"

亚里士多德说过：幸福是人的一切行为的终极目的，我们永远只是因为它本身而选择它，正是为了它，所有的人才做其他事情。

每个人都想获得幸福，在获得幸福的路上，我们一直在探索，一直在努力。我们总认为在前方不远处，幸福如一位慈爱的女神，散发着光与爱，微笑地在前方的某处等待着我们的到来，为我们开启幸福的大门。所以我们不断地做事、不断地努力，以为离幸福女神更近了一步，然而一次次抬头，却总也看不到她的身影。

童话故事最美的结局，就是公主遇到王子后过上了幸福的生活。以至于我们从小期待，等到有一天，遇到一个人，就可以拥有刻骨铭心、幸福美满的生活。长大后才知道，"刻骨铭心"可能会有，"幸福美满"却遥遥无期。所以才会有光良的那首歌词："童话里都是骗人的……幸福和快乐是结局。"

在寻找幸福之路的过程中，人们将慢慢体会到，幸福并不是一个终点。幸福正是你脚下正在走的路。只是我们以为幸福在前方某处等着我们，没有停下脚步享受正在经过的幸福。

让我们停下脚步，享受当下的幸福，不要为了奔向那个以为可以获得幸福的终点，而忽略了当下的幸福。

二、"真幸福"与"伪幸福"

什么才是真正的幸福？幸福的人会聚焦于自己内心的喜爱、会聚焦于身体健康和自己已经拥有并值得向往的东西，而不是仅仅聚焦于能带来快乐感受的东西。

现在确实会有"伪幸福"干扰着我们的辨识，让我们常常误以为自己在幸福中，过后发现那只是海市蜃楼般的"伪幸福"。

有些人会说，我赚了许多钱，买了自己想要的东西，获得了他人的尊重，就是幸福。我想，那其实是一种满足，这种满足感稍纵即逝，之后你会花更多的时间、精力去获得更大的满足，但每次获得的满足都不能让你拥有长久的快乐和幸福。

我们常常被期望遵照大众的标准和方向去发展，包括我们自己以为的样子。为了达到完美的自己，我们给自己设定了许多的目标，用角色的方式呈现自己，让真实的自己躲在创造出来的完美形象背后。

然而，当完美并没有达标时，你就会开始对自己产生不接纳和自我憎恨。因此，我们时常会恨自己不够优秀、没有勇气、不够大胆、专业不够、不值得拥有等等，这些都是对自己理想状态设定的目标没有达成而产生的结果。

其实，我们活着本身就是生命的意义，并不需要去创造特定的意义来诠释。

为了追求自以为是的意义感，我们忽略了生命本身的意义，忽略了彼此内心的联结和爱的存在，把通过不断证明自己才能得到的认可和满足当成了幸福感，而忽略了彼此陪伴才是幸福的生命意义。

真正幸福的人能区分出"满足"和"幸福"的不同，不会误把"满足"当"幸福"。

恋爱中的人常常觉得自己身在幸福中。许多时候，这只是投射了自己的期待，把一些行为想象成了幸福。当期待的外衣不再存在，爱情进入了空头，你会面临继续投入还是认赔切断，在这个时候，你要面对真实的自己，问问自己要的是真幸福，还是"伪幸福"。

三、幸福的捷径——全然的信赖

真正幸福的人会全然地信赖，而不仅仅是信任。信任一般是有条件的，就好比你向银行贷款的关系，需要有抵押物才值得信任，如果没有抵押物，信任也就不存在了，而全然的信赖，是不需要有任何抵押物的。单纯的信赖看似简单而愚蠢，但确实是通往幸福最快捷的道路。

四、幸福是你一个人的事，与他人无关

始终让自己处在幸福之中，明确幸福并不一定和他人有关，更多的是自己的事情。让自己拥有幸福的能力，是高维进化的过程，也只有让自己更幸福，才能传递更多的幸福给身边的人，带给他人幸福。

真正幸福的人能意识到，幸福来自于对他人的贡献，来自于全然的信赖和无条件的爱，来自于能辨别出"自我牺牲"和"用心付出"的区别。在亲密关系或亲子关系中，能用心付出的人是幸福的，而自我牺牲的人，只是满足自我内心需求的黑洞，是一种"伪幸福"。

真正幸福的人懂得感恩，并拥有感恩的力量，不去质疑生活中看似对自己不公平的地方，会更多地去探索自己生命深层的意义。

记得柏拉图曾经问过苏格拉底，什么是幸福？

苏格拉底让柏拉图穿过田野去摘一朵最美丽的花，但规则是：不能回头，而且只能摘一次。

不久后，柏拉图捧着一朵美丽的花回来了。

苏格拉底问他："这就是最美丽的花吗？"

柏拉图回答说："当我穿越田野时看到它，就认定它是最美的。虽然穿过田野时看到更多美丽的花，但我依然坚信我的这朵花是最美的。"

这，就是幸福。

不管你是否相信，我们每个人都有幸福的潜能。幸福就是你脚下的路，而不是前方的终点，如果任何时候，不管发生了什么，你都能选择真诚、深刻，依然保持爱的状态，那么幸福就永远会伴随着你。

五、开启幸福盲盒

如果每一天你都告诉自己，今天有一个幸福盲盒需要你去开启，想想你会收获什么礼物？

带着这样的幸福盲盒，试着去理解每天发生在自己身上的事，试着去看看你能在盲盒中发现什么？如此，你就是在享受当下幸福的过程中。

学会每天打开幸福盲盒，看到任何一件你感觉不舒服的事情背后，都有一件幸福的礼物在等着你。当你把幸福当作礼物送给对方，你的幸福生活才会持久。

幸福不只是外在的物质获得，或内心的一种感受，而是由内而外的一种联结，是一个饱满的状态，这种状态包含了我们创造性的生活带来的快乐、物质成就带来的满足、帮助他人获得的愉悦，以及对我们生命的感恩、成就更好自己的幸福。

我们是人类共同体的一员，是宇宙尘埃的一部分，我们每个人贡献出来的幸福感，都可以让这个世界变得更美好，我们的价值体系，是整个宇宙价值体系的一小块拼图。当我们更幸福，这个宇宙拼图就更完整，这是我们整个人类的愿景。

思考：

   1. 描述一下你的幸福画面，那是一幅什么样的图景？

   2. 你最想和谁谈一谈这幅图景？为什么？

   3. 你记忆深刻的幸福时刻是什么事？什么时候？感受如何？

   4. 你有多久没有过这样类似的感受了？

   5. 如果从现在起每日增加一些幸福值，你会做什么？

   6. 你有多少种方式能让自己比现在更幸福？

   7. 如何让这些方式进入到你的生活？

   8. 你准备好开始了吗？欠缺的是什么？

图书在版编目(CIP)数据

共生家庭:开启幸福盲盒/秦嘉悦著.一上海：
上海三联书店,2023.1
ISBN 978－7－5426－7888－1

Ⅰ.①共… Ⅱ.①秦… Ⅲ.①幸福-家庭教育 Ⅳ.
①G78

中国版本图书馆 CIP 数据核字(2022)第 187116 号

共生家庭:开启幸福盲盒

著 者 / 秦嘉悦

责任编辑 / 张静乔
装帧设计 / 人马艺术设计·储平
监 制 / 姚 军
责任校对 / 王凌霄

出版发行 / 上海三联书店
      (200030)中国上海市漕溪北路 331 号 A 座 6 楼
邮 箱 / sdxsanlian@sina.com
邮购电话 / 021－22895540
印 刷 / 上海颛辉印刷厂有限公司

版 次 / 2023 年 1 月第 1 版
印 次 / 2023 年 1 月第 1 次印刷
开 本 / 889mm×1194mm 1/32
字 数 / 130 千字
印 张 / 6
书 号 / ISBN 978－7－5426－7888－1/G·1654
定 价 / 48.00 元

敬启读者,如发现本书有印装质量问题,请与印刷厂联系 021－56152633